EL MODELO SVS

(Stakeholder Value Strategizer)

PROFIT
editorial

Profit Editorial, sello editorial de referencia en libros de empresa y management. Con más de 400 títulos en catálogo, ofrece respuestas y soluciones en las temáticas:

- Management, liderazgo y emprendeduría.
- Contabilidad, control y finanzas.
- Bolsa y mercados.
- Recursos humanos, formación y coaching.
- Marketing y ventas.
- Comunicación, relaciones públicas y habilidades directivas.
- Producción y operaciones.

E-books:
Todos los títulos disponibles en formato digital están en todas las plataformas del mundo de distribución de e-books.

Manténgase informado:
Únase al grupo de personas interesadas en recibir, de forma totalmente gratuita, información periódica, newsletters de nuestras publicaciones y novedades a través del QR:

Dónde seguirnos:

 | **@profiteditorial**

   | **Profit Editorial**

Ejemplares de evaluación:
Nuestros títulos están disponibles para su evaluación por parte de docentes. Aceptamos solicitudes de evaluación de cualquier docente, siempre que esté registrado en nuestra base de datos como tal y con actividad docente regular. Usted puede registrarse como docente a través del QR:

Nuestro servicio de atención al cliente:
Teléfono: **+34 934 109 793**
E-mail: **info@profiteditorial.com**

ALFONSO ECHANOVE
JOSÉ LUIS RETOLAZA
LEIRE SAN-JOSE

EL MODELO SVS

(Stakeholder Value Strategizer)

Integrar el valor social en la estrategia

PROFIT
editorial

Todas las publicaciones de Profit están disponibles para realizar ediciones personalizadas por parte de empresas e instituciones en condiciones especiales.

Para más información, por favor, contactar con: info@profiteditorial.com

Diseño de cubierta: XicArt
Maquetación: Montserrat Minguell

ISBN: 978-84-10235-74-8
Depósito legal: B 7087-2025
Primera edición: junio de 2025

Impresión: Gráficas Rey

Impreso en España / *Printed in Spain*

ÍNDICE

SECCIÓN 2
Presentación y desarrollo
del Stakeholder Value Strategizer (SVS)

INTRODUCCIÓN

La investigación en el ámbito de la dirección estratégica ha resultado especialmente relevante para la práctica empresarial desde que empezara a reconocérsela como disciplina científica en los años sesenta del siglo pasado. Se han desarrollado diferentes modelos de análisis y diseño estratégico, que tienen en la contabilidad financiera la fuente de información esencial para comprender y gestionar los resultados de la empresa, a los que se unen además la dimensión estratégica y la operativa a través de mecanismos en los que progresivamente se han ido incorporando KPIs de diferente alcance.

Así, tanto la investigación como la práctica se han focalizado en los resultados económicos como base para el desarrollo de la estrategia de la empresa, lo cual ha sido de gran utilidad para que hoy podamos contar con referencias metodológicas y herramientas a las que recurrir cuando las empresas abordan su proceso más importante: la gestión estratégica. Con todo, esta visión centrada en la perspectiva económica resulta insuficiente en un contexto de profunda transformación social, en el que se intensifican las demandas sociales e institucionales para que el tejido empresarial genere valor social.

El rol de las empresas en la sociedad ha cambiado de forma sustancial en la última década. Se demanda su implicación en la resolución de los problemas que afectan a la sociedad y la aportación de un valor que va más allá de su actividad mercantil, gestionada bajo principios de calidad y buen servicio. Para las empresas esto supone, en primer lugar, la necesidad de posicionarse e implicarse con el entorno en el que operan, formulando sus aspiraciones al respecto. A ello se han añadido demandas de información sobre los impactos positivos y negativos de la actividad empresarial sobre la sociedad y el medio ambiente, que en la Unión

Europea obligan de forma progresiva a un número de empresas cada vez mayor.[1]

En este contexto global, la declaración de BlackRock de la Business Roundtable[2] en 2019, por parte de grandes empresas mercantiles y gestoras de fondos, a favor de una empresa socialmente responsable; o los manifiestos de Davos a partir de 2020, son algunos de los hitos en la movilización del mundo empresarial hacia la sostenibilidad, referida tanto a asuntos de interés social como medioambiental, dando continuidad a la tendencia que en el presente siglo ya se había concretado en el nacimiento del Pacto Mundial de Naciones Unidas del año 2000 o en la declaración de los Objetivos de Desarrollo Sostenible de 2015. La declaración de BlackRock supone un giro importante con respecto a la anterior declaración de la Business Roundtable en 1997, en la que se apoyaba expresamente la maximización del beneficio para los accionistas. En palabras del investigador Jeffrey S. Harrison, esto supone «un cambio abismal para la Business Roundtable y posiblemente un momento importante en la comprensión de cómo se estudia y se practica el management».

Atravesamos, por lo tanto, un período en el que se espera que la empresa tenga un propósito que refleje su contribución a la sociedad más allá de la actividad mercantil; y así, se ha generalizado la incorporación de declaraciones en este sentido, relacionando propósito con sostenibilidad. Sin embargo, surge ahora el *gap del propósito*, que hace referencia a la distancia entre las declaraciones y el verdadero desempeño social de las empresas. La estrategia sigue estando centrada en la actividad mercantil y esto es así porque, entre otras razones, aún no se han generalizado sistemas de información social que permitan tomar decisiones estratégicas que integren objetivos económicos y sociales. Y en el con-

---

1. En el momento de la redacción de este libro, la promulgación de la Ley Ómnibus supone una pausa regulatoria en materia de reporte de asuntos sociales y medioambientales. No obstante, la situación en la que estamos ha cambiado drásticamente con respecto a la de hace unos pocos años; puede cambiar el ritmo, pero las obligaciones de reporte no-financiero han llegado para quedarse.
2. Asociación de CEO de empresas líderes de Estados Unidos para promover el fortalecimiento de la economía del país. Entre los miembros de su Consejo están los CEO de American Express, Apple, Best buy, Cisco, Dow, Eaton, Paypal, United Airlines, Visa o Walmart (https://www.businessroundtable.org/about-us/board-of-directors).

texto marcado desde 2015, en el que la Agenda 2030 se ha convertido en la hoja de ruta para la sostenibilidad global, se suma ahora la necesidad de un mayor compromiso. Tal como señalaba Lise Kingo, directora ejecutiva del Pacto Mundial de Naciones Unidas, «trabajar para un futuro mejor ya no es una opción, es una necesidad».

En la práctica, esta presión está contribuyendo a una aplicación rigurosa de sistemas de gestión y certificación y a la creciente elaboración de instrumentos de descargo de responsabilidad y reporte de acuerdo con modelos de referencia como la Global Reporting Initiative (GRI), modelos de evaluación de impacto o de contabilidad social y ambiental. Se correlaciona de esta manera la información veraz y transparente con la sostenibilidad.

No obstante, en lo que respecta al valor social, estos mecanismos todavía están en fases incipientes de implantación, lejos de generalizarse y permitir una evaluación real del valor social generado por las empresas y otras organizaciones. La medición del valor social es compleja, lo que redunda a su vez en la dificultad para gestionar el valor social desde una perspectiva estratégica. En el océano de la abundancia de los modelos de gestión estratégica, son relativamente escasos los avances en relación con la gestión del valor social y apenas identificables aquellos que integran el valor económico y el valor social de forma efectiva. Y en este contexto, la falta de sistemas potentes de medición de los objetivos sociales en términos similares a los objetivos financieros o incluso a los objetivos medioambientales es una dificultad para una efectiva gestión estratégica. La contabilidad social puede dar respuesta a esta dificultad.

El contexto esbozado en estas líneas nos ha llevado a dirigir la atención a la estrategia empresarial y la forma en la que puede conectarse con el valor social. Las organizaciones tienen el importante reto de crear, gestionar y hacer visible el valor social que generan, algo que no puede evidenciarse exclusivamente a través de la formulación de aspiraciones. En la medida en que integren el valor social en su gestión estratégica, entendida como el proceso que va desde la formulación a la implantación y seguimiento de su estrategia, será más posible pasar de iniciativas puntuales de información a enfoques más efectivos, integrando el valor social en sus decisiones estratégicas, que hoy en día tienen que tomarse en entornos crecientemente complejos y considerando múltiples factores y agentes.

En este libro se propone un modelo práctico para la integración del valor social en la estrategia, tanto en empresas mercantiles como sociales y, en general, en la estrategia de toda organización que a través de su actividad pretende generar un valor para la sociedad. Por lo tanto, el modelo trata de vincular dos conceptos clave de la gestión empresarial en la actualidad, todavía no relacionados o únicamente de forma incipiente y desestructurada en la práctica. Estos dos conceptos son la estrategia y el valor social.

El modelo que proponen los autores surge de la investigación llevada a cabo durante los últimos seis años, enmarcada en el ámbito de estudio de la dirección estratégica y que incorpora el ámbito de la gestión de valor social a través de la contabilidad social como elemento singular, no abordado previamente. Así, se han tenido en cuenta las principales corrientes y tendencias actuales en torno a la gestión estratégica, y se han analizado la evolución y emergencia de modelos de medición y gestión del valor social y otros conceptos relacionados. En particular, el modelo supone un desarrollo práctico de la teoría de stakeholder y de sus implicaciones tanto para la gestión estratégica como para la contabilidad.

Además, teniendo en cuenta las características del fenómeno, nuevo y en constante evolución, la investigación ha incorporado el análisis de datos reales en torno a la generación de valor social y el desempeño en diferentes grupos de empresas, así como el conocimiento en profundidad de casos de prácticas avanzadas en la integración del valor social en sus procesos de gestión estratégica.

Todo ello permite estructurar un modelo integrativo, que contempla la complejidad de la organización y su visión desde diversas perspectivas, un modelo denominado *Stakeholder Value Strategizer* (SVS). Desarrollado en torno a seis vectores principales, está orientado a la puesta en práctica a través de un proceso integrador dividido en diferentes fases, y contiene propuestas de herramientas y elementos prácticos de soporte para facilitar la integración del valor social en la estrategia de toda organización que lo pretenda. Por ello, entendiendo el punto de partida de cada empresa en particular, el modelo proporciona un marco coherente cuya aplicación podrá ser total o parcial.

El libro está estructurado en torno a dos bloques principales de contenidos. El primero de ellos comprende los capítulos segundo a cuarto.

De estos, el segundo y el tercero surgen como resultado del análisis de las principales tendencias relacionadas con los dos ámbitos de estudio: dirección estratégica y valor social. En el cuarto se presenta el modelo poliédrico de la contabilidad social, sistema de información propuesto para una gestión estratégica del valor social. Este primer bloque recoge, por lo tanto, contenidos teóricos, pero está pensado para que sirva de soporte para la comprensión del modelo, orientado a su implantación en la práctica.

Los capítulos quinto a séptimo están dedicados al desarrollo del modelo, desde su diseño básico y el detalle sobre su alcance y sus principales componentes (capítulo quinto), a la incursión en cada uno de los vectores que lo desarrollan, proponiendo modelos y herramientas específicos que faciliten la implantación del modelo (capítulo sexto) y la metodología para la misma, detallando una propuesta de fases en cada una de las cuales se identifican contenidos y se proponen consejos prácticos y herramientas de apoyo (capítulo séptimo). El libro concluye con una nota final (capítulo octavo), desde la que se traslada una última reflexión sobre la puesta en práctica del modelo.

SECCIÓN 1

Teoría para la práctica

1

LA DIRECCIÓN ESTRATÉGICA COMO DISCIPLINA CIENTÍFICA Y SU IMPACTO EN EL MANAGEMENT EN LA ACTUALIDAD

Evolución y tendencias en dirección estratégica

La dirección estratégica es reconocida como una disciplina científica que abarca una amplia diversidad de temas, a veces tan amplia que en opinión de muchos autores se ha desarrollado de forma fragmentada y en ocasiones confusa. La producción científica en dirección estratégica durante las últimas décadas ha sido prolija y ha tenido un importante impacto en el ámbito de la gestión. Al tratarse de un ámbito de conocimiento tan disperso, se han formulado diversas definiciones buscando fijar un objetivo común para los temas que abarca.

Así, por ejemplo, los profesores Joseph Mahoney y Anita McGahan describían el objetivo de la disciplina como la «explicación del desempeño de las empresas, diferenciado del desempeño de los mercados, los individuos y las economías», poniendo el foco en el sujeto del desempeño: la empresa. Un foco bajo el cual muy diversos autores han estudiado la evolución de las principales corrientes, conceptos y procesos de la dirección estratégica. Con enfoques diferenciados, todos estos estudios han tratado de aportar una mejor comprensión sobre la evolución de la investigación y los resultados que han surgido de los paradigmas dominantes en cada momento, subrayando las principales contribuciones tanto para la academia como para el entorno empresarial.

El inicio del desarrollo de la disciplina puede situarse en el comienzo de la década de los sesenta y tuvo un importante desarrollo en las últimas décadas del siglo XX. Muchas de las contribuciones surgidas entonces han marcado y siguen marcando la forma como se aborda la estrategia hoy en día, plasmada en el uso de metodologías y herramientas de análisis y formulación estratégica de tan amplia implantación como la matriz DAFO o los mapas estratégicos. Sin pretender hacer un análisis exhaustivo, en la tabla 1 se sintetizan aportaciones que desde el entorno académico o la consultoría han tenido un importante impacto en la práctica y que creemos pertinente recordar y tener en cuenta en el diseño de un modelo que contemple una perspectiva integradora de la generación y distribución de valor social.

En este análisis de contribuciones relevantes podríamos partir, por lo tanto, de unos primeros desarrollos, basados en las aportaciones de autores que han sido reconocidos como *los clásicos*. En esta primera fase se sientan los fundamentos y se estructura el campo de la dirección estratégica, que emerge como una disciplina científica reconocida, centrando los temas de la estrategia corporativa o relacionando estrategia y organización. Ya en estos primeros momentos se definen actividades de los procesos de gestión estratégica y herramientas de análisis muy extendidas en la práctica, como la mencionada matriz DAFO.

Desde otra perspectiva, se pone el énfasis en aspectos estructurales de la actividad industrial y la complejidad de su entorno. Así, el pensamiento estratégico pasa a estar caracterizado por el paradigma SCP (Structure-Conduct-Performance), por el cual el desempeño de una empresa viene determinado por su posicionamiento en la industria. Surgen modelos como las cinco fuerzas de Porter para el análisis estratégico de la competitividad o la clasificación de las estrategias genéricas como marco que permite focalizar la estrategia de la organización.

Frente a esta perspectiva, y cuestionando el determinismo de los resultados de una empresa en función de la industria en la que actúa, el foco se pone en los recursos de la empresa y la acción directiva, destacando las aportaciones en torno a la economía de costes de transacción, la teoría de agencia, las competencias distintivas o el liderazgo estratégico. De esta visión basada en recursos se evoluciona progresivamente a una visión dinámica de la organización en el desarrollo de capacidades, centrándose en la generación de modelos dinámicos en la gestión de la estrategia y los activos intangibles como el conocimiento, el aprendizaje y la innovación. La construcción de capacidades dinámicas ha cobrado

TABLA 1

Evolución del pensamiento estratégico e impacto en las metodologías de gestión estratégica

Tendencia	Foco principal, autores de referencia	Herramientas y modelos
Los clásicos (Emergencia del concepto de dirección estratégica). Años sesenta y setenta	Fundamentos, estructuración del campo de la estrategia (Chandler, Ansoff, Andrews, Thompson).	Matriz DAFO. Estrategia corporativa. Ventaja competitiva.
Influencia de la economía de la organización en la industria. Años setenta y ochenta	Complejidad de la empresa y del entorno, influencia del entorno en el desempeño (Bain, Newman, Porter).	Modelo de las cinco fuerzas de Porter. Estrategias genéricas (coste, liderazgo y mixta). Sistemas de valor. Matriz de la BCG. Ventaja comparativa.
Influencias de la economía organizacional. Años ochenta	Costes de transacción y teoría de agencia (Williamson, Jensen).	Análisis de costes de transacción. Diseño de organizaciones híbridas.
Visiones basadas en los recursos y la acción directiva	Relación entre la disponibilidad de recursos, el desempeño y las ventajas competitivas sostenibles. Recursos clave como el liderazgo y el conocimiento (Wernerfelt, Peteraf, Barney, Kogut). Evolución hacia capacidades dinámicas (Pisano y Teece). Perspectiva microfundacional (Fenil y Foss).	Utilización de proxis para la medición de recursos intangibles.
Visiones integradoras. A partir de los años ochenta, entrando en el siglo XXI	Orientación a modelos híbridos, equilibrando la influencia de los recursos internos y el entorno (Freeman, Mintzberg, Peng).	Estrategia deliberada y estrategia emergente. Mapa de stakeholders. Análisis estratégico del entorno institucional. Análisis PESTEL.
Foco en la fijación y medición de objetivos	Importancia de las dinámicas de medición y seguimiento en la gestión estratégica. Ámbitos financiero y no financiero (Chenhall, Norton y Kaplan).	Mapa estratégico. Cuadro de mando integral. *Business Intelligence*.
Visión basada en modelo de negocio	(Chesbrough, Osterwalder y Pigneur; Lanzolla y Markides).	*Business Model Framework*, *Business Model Canvas* y sucesivas adaptaciones.

FUENTE: Elaboración propia.

una especial relevancia en los últimos años, ya que se ha revelado como una necesidad para la transformación digital, entendida como un proceso de renovación estratégica. Entre los nuevos planteamientos del siglo XXI que encuentran su entronque en la visión de la organización basada en recursos y capacidades está también la perspectiva microfundacional, que busca la explicación del éxito de una organización en el rol de los individuos.

A partir de aquí emerge una cuarta tendencia en torno a visiones integradoras y nuevos temas de investigación, que pueden relacionarse con los paradigmas imperantes hasta entonces. Así, el desarrollo del enfoque institucional se presenta como la «tercera pata del trípode de la estrategia», siendo la primera y la segunda las visiones basadas en la industria y en recursos respectivamente, y presentándose esta tercera como una visión integradora, que pone de manifiesto que no solo el entorno de la industria, sino también el entorno institucional, que incluye aspectos legales, reguladores, normativos, culturales o éticos, influye en la estrategia de las empresas y en su desempeño.

FIGURA 1

Enfoques integradores

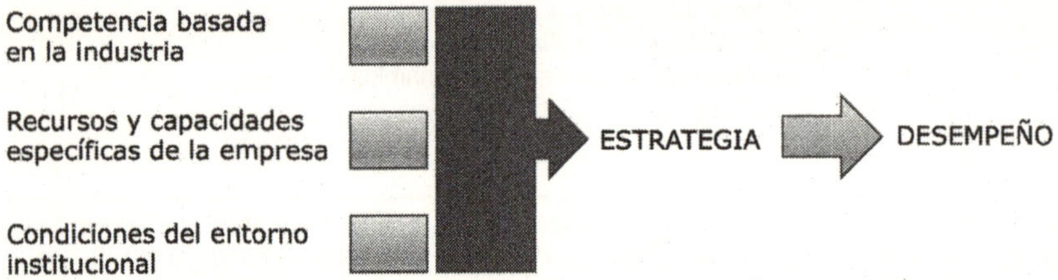

FUENTE: Elaboración propia, a partir de las tesis de Peng *et al.* (2009).

Otra visión integradora que ha ganado fuerza en el siglo XXI es la que conecta la estrategia con los modelos de negocio. Chesbrough y Rosenbloom plantean que «un modelo de negocio de éxito crea una lógica que conecta el potencial técnico con la consecución de un valor económico», es decir, conecta la generación y la captura de valor. Adoptando una perspectiva amplia del modelo de negocio, que trasciende la función de innovación, el modelo de negocio describe la posición competitiva en un ecosistema en el que actúan clientes, proveedores, competidores y otros agentes. El BMF (*Business Model Framework*) de Chesbrough o el *Business Model Canvas* de Osterwalder y Pigneur son representaciones visuales de ese marco de comprensión de la empresa, que se han generalizado en los procesos de reflexión estratégica de todo tipo de organizaciones.

En los últimos años se ha valorado cómo afecta la situación pospandémica a la dirección estratégica, y se ha llegado a la conclusión de que la hibridación de estrategias y lógicas de funcionamiento es más importante en la medida en que el entorno se hace más complejo y, por lo tanto, los factores disruptivos conllevan planteamientos integradores a partir de la aplicación de diversas perspectivas de análisis y comprensión de la realidad.

Por otro lado, el foco de investigación actualmente ha girado hacia el rol de la inteligencia artificial en los procesos de gestión estratégica, sin que existan posicionamientos concluyentes al respecto, si bien parecen apuntar a que la inteligencia artificial podrá ayudar a agilizar las decisiones estratégicas al permitir la gestión de datos a gran escala, eliminar sesgos y favorecer el análisis estratégico.

Con todo, la parte social y humana de la estrategia, concretada en factores como el conocimiento implícito, la creatividad, la ambición, la prudencia o la intuición directiva, juega y jugará un rol preponderante en los debates estratégicos y, en último término, en la formulación y la implantación de la estrategia de las organizaciones. Más si cabe al tener que responder a la necesidad de una estrategia integradora que considere aspectos sociales, económicos o medioambientales. Por ello, uno de los retos en los procesos de gestión estratégica está en la participación eficiente de equipos y personas, que conjugue la exploración de aplicaciones prácticas con la gestión del factor humano, sin que ni el uso exclusivo de la tecnología ni los intereses y sesgos individuales distorsionen la formulación final de la estrategia y su posterior implantación.

¿Y qué entendemos por estrategia?

El concepto nuclear de la disciplina de la dirección estratégica es el de *estrategia*, que puede abordarse desde diferentes perspectivas, en la mayor parte de los casos complementarias. Son numerosas las definiciones que podríamos encontrar en artículos, libros y *best sellers* de management, y no pretendemos añadir una más sino aprovechar aquellas aportaciones que nos resultan útiles en el contexto de la gestión del valor social.

Strategy and Structure: Chapters in the history of the industrial empire, el libro seminal que Alfred Chandler escribió en 1962, es una referencia obligada. En él, a partir del estudio de cuatro casos de empresa, se analiza el desdoble de la función directiva en el ámbito de la gestión entre el corto y el largo plazo y se sienta la máxima de que *la estructura sigue a la estrategia*. Además, propone una de las primeras definiciones de estrategia en el entorno empresarial: «La determinación de las metas y objetivos de una empresa a largo plazo, implica el diseño de los cursos de acción y la asignación de los recursos necesarios para alcanzar dichos objetivos y metas».

Años más tarde, los académicos Guillermo Ronda y Luis Guerras hacen un análisis de 91 de las definiciones de estrategia publicadas desde la propuesta por Chandler. Llegan a una formulación de la esencia del concepto de estrategia que recoge los elementos conceptuales que aparecen con más frecuencia en el conjunto de definiciones analizadas e identifican asimismo la importancia de otros, una vez que son combinados. El resultado es una formulación sintética que incorpora los términos «entorno», «empresa», «acciones», «recursos», «metas» y «resultados», y que define la estrategia como «la dinámica de la relación de la empresa con su entorno, en la cual se toman las acciones necesarias para alcanzar sus metas y mejorar los resultados a través de un uso racional de recursos».

Otra aportación interesante es la de Colin White, profesor de la Escuela de Negocios de la Universidad de La Trobe, en Australia, que identifica cuatro elementos fundamentales que la estrategia debe combinar (intención, oportunidad, acción sistemática y movilización de recursos), tal como se refleja en la figura 2. La *intención* se concreta en un propósito, una misión o unos objetivos, que se fijan respondiendo a una *oportunidad*. Para aprovecharla es necesario movilizar *recursos* que permitan acometer *acciones* y que, en la medida en que se sistematizan, contribuyen al cumplimiento de la intención estratégica. Se completa así una visión de la estrategia en la que todos sus elementos están interrelacionados.

Finalmente, al abordar el concepto de estrategia, no podemos dejar de lado las aportaciones de Henry Mintzberg, autor reconocido en todo el mundo por su pensamiento sobre la estrategia y los modelos organizativos. Mintzberg introduce diversas distinciones a través de las cuales va planteando la necesidad de una visión integradora de la estrategia. Por

FIGURA 2

Elementos principales de la estrategia

FUENTE: White, C. (2017), *Strategic Management*.

un lado, el concepto de estrategia emergente, en contraposición a la estrategia deliberada. No todas las estrategias se diseñan en un proceso formalizado de trabajo ni están expresadas en un *plan* sino que en el devenir de las organizaciones surgen *patrones* de conducta estratégica que no son expresamente intencionados. Son las estrategias emergentes.

Una segunda distinción de Mintzberg es la de la estrategia como *posición* (la colocación de un producto en un determinado mercado) y la estrategia como *perspectiva* (la forma de hacer las cosas en la organización). La primera supone la toma de decisiones más concretas y es relativamente fácil de cambiar en el marco de la segunda, pero no a la inversa.

En función de estas dos distinciones, Mintzberg plantea cuatro formas de entender la estrategia: estrategia como plan, estrategia como patrón, estrategia como posición y estrategia como perspectiva, lo que se concreta a su vez en diferentes formas de creación de la estrategia, en las que podrían categorizarse los procesos de reflexión estratégica de la empresa moderna: planificación estratégica, visión estratégica, aventura estratégica o aprendizaje estratégico (figura 3).

Este enfoque integrador, en el que se relacionan las lógicas de las diferentes escuelas, los contenidos, los procesos y las formas de creación de la estrategia es, en suma, otro elemento destacado que creemos importante incorporar en nuestra propuesta.

FIGURA 3

Formas de creación de la estrategia (basado en las distinciones de Mintzberg)

		Procesos estratégicos	
		Planes deliberados	**Patrones emergentes**
Contenidos estratégicos	**Posiciones tangibles**	Planificación estratégica	Aventura estratégica
	Perspectiva amplia	Visión estratégica	Aprendizaje estratégico

Fuente: Elaboración propia, basada en Mintzberg (1990).

El proceso de gestión estratégica

Gerry Johnson y Kevan Scholes son dos autores británicos que han influenciado la visión sobre la estrategia de numerosas promociones de estudiantes de management a través de sus manuales de dirección estratégica. Johnson y Scholes pusieron de manifiesto la diferencia entre la gestión estratégica y la gestión operativa, subrayando que la primera no solo tiene que ver con la toma de decisiones estratégicas, sino que exige también garantizar que se pongan en práctica. Además, la gestión estratégica da cobertura a la operativa, que se desarrolla en un ámbito limitado de la organización y en un espacio temporal más corto. Así, frente a las propuestas iniciales centradas en los procesos de planificación, los autores diferencian tres grandes fases en la gestión estratégica: análisis, elección estratégica e implantación de la estrategia.

La diferenciación contempla así la estrategia como un proceso de aprendizaje continuo, no exclusivamente conceptual, en el que la implementación permite conocer los efectos sobre los objetivos planteados y sobre otros agentes del entorno, incorporando además la importancia de los sistemas de medición. Desde diversas perspectivas se ha abrazado el carácter continuo del proceso estratégico, asociado al llamado ciclo estratégico, planteado con diferentes matices bajo el acuerdo común de que el proceso estratégico no termina con la formulación. Son tres las fases comúnmente aceptadas en los procesos de gestión estratégica: i) formulación de la estrategia, ii) implementación de la estrategia, y iii) seguimiento del desempeño estratégico. Se han propuesto dos formas de entender este proceso: racional, secuencial y de arriba abajo, de acuerdo con los diseños iniciales; o iterativo, con acciones que se superponen entre sí, estrategias que no solo se crean, sino que emergen o evolucionan, y que se basa no solo en la racionalidad, sino en la creatividad y la intuición. Nos inclinamos por el proceso iterativo, más acorde con la realidad del entorno en el que las organizaciones desarrollan su misión. Así es como entendemos el marco de comprensión del proceso de gestión estratégica en nuestra propuesta.

A través de la gestión estratégica se relacionan los aspectos estratégico y operativo de la estrategia, lo que requiere medir los resultados. Bajo esta premisa, a finales del siglo XX se abordaron diferentes enfoques de sistemas de medición de desempeño estratégico, de entre los cuales destacaron las pirámides y jerarquías de desempeño, el cuadro de mando integral y el cuadro de mando integral de activos intangibles. En todos ellos, la integralidad resulta un elemento distintivo, toda vez que incorporan indicadores financieros y no financieros que permiten entender las relaciones causa-efecto entre las operaciones y las metas estratégicas que se plantea una organización. Entre los mencionados sistemas de medición de desempeño estratégico, el cuadro de mando integral de Robert Kaplan y David Norton ha destacado por su impacto y popularización en la práctica en el tejido empresarial. En su serie de artículos publicados desde 1992, además, Kaplan y Norton inciden en que el cuadro de mando integral no solo es un sistema de medición, sino que al incorporar el mapa estratégico trasladan una visión de las organizaciones que debe ser tenida en cuenta de forma integradora en todo el proceso de gestión estratégica. El mapa estratégico y el cuadro de mando integral son otras dos de las herramientas utilizadas en la gestión estratégica que más impacto han tenido en la práctica de las organizaciones. Además, desde una formulación inicial de aplicación en el entorno de la empresa mercantil, los propios Kaplan y Norton, así como otros autores, han propuesto adaptaciones; entre otras, para las administraciones públicas, o para empresas sociales y entidades del tercer sector, proponiéndose así la aplicabilidad del cuadro de mando integral para todo tipo de organizaciones.

Conclusiones. El legado de la dirección estratégica para el management en la actualidad

Hemos dividido este capítulo en tres temas diferenciados: la dirección estratégica como disciplina científica, el concepto de estrategia y el concepto de gestión estratégica. En relación con la evolución del primero de ellos, cabe distinguir diferentes aportaciones, desde el desarrollo de los fundamentos y la identificación de las principales cuestiones a las que la estrategia como disciplina científica busca dar respuesta, basándose en paradigmas centrados en la influencia de los factores internos –recursos, capacidades– o en la de los externos –posicionamiento en el mercado, sector o industria–. Es cierto que estos paradigmas no reflejan posiciones extremas y que, aunque el foco sea uno u otro, factores de ambos tipos tienen presencia en todas las visiones. Sin embargo, el análisis resulta de utilidad para entender la orientación actual hacia un enfoque ecléctico que recoge rasgos de ambas visiones. De hecho, los paradigmas actuales responden a visiones integradoras o a desarrollos temáticos a partir de una de ellas. En todos los casos se plantea la necesidad de integrar aspectos internos y externos de la organización. Creemos importante, por lo tanto, concluir que será necesaria esta visión integradora al abordar nuestra propuesta de incorporación del valor social a la gestión estratégica.

Las grandes cuestiones de la estrategia siguen siendo, por lo tanto, las ya formuladas en las primeras etapas de desarrollo; se trata de llegar a entender por qué el desempeño de unas empresas es superior al de otras. A efectos de nuestra propuesta, las diferentes perspectivas y enfoques de dirección estratégica se han desarrollado teniendo en cuenta que este desempeño es económico, y no se han identificado entre las tendencias a las que hemos hecho referencia a lo largo del capítulo relaciones entre estrategia y desempeño social. No obstante, esto no quiere decir que no las haya, pero sí se constata que no son las principales referencias identificadas por su mayor impacto en el desarrollo de la disciplina científica. La estrategia orientada a stakeholders, el concepto de valor compartido o diversas adaptaciones de modelos inicialmente concebidos para el negocio son referencias que conectan la estrategia de la empresa y la sociedad a las que llegaremos por otras vías y sobre las que profundizaremos en el siguiente capítulo.

En segundo lugar, la revisión de las diferentes formas de aproximarse al concepto de estrategia nos ha permitido identificar elementos comunes a todas ellas y que, por lo tanto, creemos importante también formular en una estrategia que integre el valor social. Nos referimos a la intención estratégica, que se despliega en torno a elementos como el propósito y los objetivos estratégicos; a la forma en que se persigue su consecución, trasladada a proyectos o planes de acción; y a la combinación de los recursos que la organización debe asignar para ejecutar las acciones y cumplir con su intención.

Por otro lado, la aportación de Henry Mintzberg al plantear cuatro formas de entender la estrategia (como plan, patrón, perspectiva o posición), en las que subyace la distinción entre la estrategia deliberada y la emergente, nos aporta una visión que creemos importante trasladar a nuestra propuesta de modelo. La estrategia no puede verse como un proceso secuencial y cerrado, sino que más bien debe plantearse como un proceso iterativo en el que no solo se trata de aplicar técnicas sino también de desarrollar una forma de pensar y actuar que contempla la organización y su entorno de un modo holístico, en el que el desempeño surge por la interacción de múltiples relaciones entre actores y factores, tanto internos como externos.

En tercer lugar, hemos encontrado un nivel de acuerdo amplio en la forma de conceptualizar el proceso de gestión estratégica en torno a tres momentos: formulación, implantación y seguimiento, que, aunque con denominaciones diferentes, se han identificado tanto en el planteamiento de procesos secuenciales como en el de procesos iterativos. La gestión estratégica se contempla como un *continuum* en la organización, que requiere elementos que conecten la formulación estratégica con la operativa en su ejecución.

Entre estos elementos, los sistemas de medición cobran una especial relevancia y, específicamente, el cuadro de mando integral de Kaplan y Norton ha tenido un desarrollo teórico y práctico importante. Junto con otros sistemas similares, se ha destacado su utilidad por aportar una visión integral de la organización, lo que permite diseñar planteamientos estratégicos completos, en los que se puede entender la conexión entre diferentes elementos.

Resumen. A tener en cuenta...

1. Faltan modelos de referencia que vinculen la estrategia y el desempeño social. El desempeño económico ha sido el objeto principal en la generación de modelos, herramientas y metodologías de gestión estratégica. Sin un modelo de referencia, las empresas encuentran más complicado gestionar el valor social.

2. Como punto de partida hay que considerar que la gestión estratégica en cualquier organización requiere la distinción de tres fases: formulación, implantación y seguimiento. Las tres son relevantes para el desarrollo de todo el potencial estratégico de una organización. Sin embargo, un error habitual es centrarse en la formulación y no desarrollar un sistema para la implantación o el seguimiento de la estrategia. En el caso de la gestión estratégica del valor social, este error es más frecuente si cabe por la falta de herramientas y modelos de soporte para su implantación y seguimiento.

3. Así entendidos, los procesos de gestión estratégica son iterativos y resultan una fuente continua de aprendizaje en la organización, a través de su desarrollo interno y de la interacción con otros agentes.

4. En el desarrollo de la fase de formulación estratégica se ha evolucionado desde procesos de planificación muy detallada, tanto a nivel financiero como de planes de acción, a procesos en los que se genera un marco estratégico más general a partir del cual la empresa va desplegando sus objetivos y sus planes de actuación en períodos más cortos de tiempo.

5. En el desarrollo de la dirección estratégica como disciplina científica ha existido un debate entre enfoques centrados en el análisis de los recursos internos y aquellos centrados en la influencia del entorno. Prevalecen actualmente los enfoques eclécticos que recogen aportaciones de diversas escuelas de pensamiento. En la práctica, la

toma de decisiones estratégicas se basa, por lo tanto, en la combinación de actividades de análisis de procesos internos, cadena de valor interna o sectorial, redes de cooperación y vigilancia del entorno.

6. La estrategia en una organización puede ser entendida de diferentes maneras. Con todo, existe el acuerdo implícito de que la estrategia debe dar respuesta a tres ámbitos fundamentales: definir la intención estratégica (propósito y objetivos), determinar actuaciones de amplio alcance y asignar recursos.

7. La medición resulta un aspecto especialmente relevante en cualquiera de los tres momentos del proceso de gestión estratégica. Los sistemas han evolucionado para ir incorporando progresivamente mediciones de diversos tipos, fundamentalmente desde la conciencia de que los indicadores financieros –los más desarrollados– no son suficientes para el seguimiento de los resultados de la estrategia.

8. El desarrollo tecnológico, su utilización en la gestión y, en particular, la emergencia de la inteligencia artificial ponen de relieve que uno de los retos en los procesos de gestión estratégica, desde la formulación hasta el seguimiento, está en entender las posibilidades que ofrece la tecnología en cada organización e integrar su uso de forma eficiente. Esto debe hacerse compatible con la gestión de la perspectiva social y humana de la estrategia, que juega un rol preponderante en los procesos. El nivel de creatividad, ambición o intuición directiva y la participación comprometida y eficiente de las personas y equipos de trabajo pueden marcar la diferencia entre una *buena* y una *mala* estrategia.

2
INFORMACIÓN, REPORTE Y GESTIÓN DEL VALOR SOCIAL

Aproximación al concepto de valor social

Desde una visión restringida, el valor social solo se atribuye a organizaciones en las que se aplican las capacidades de gestión del mercado con fines exclusivamente sociales y a organizaciones sin ánimo de lucro. Se ha argumentado que las empresas sociales y las empresas mercantiles se diferencian por el foco de su preocupación, siendo este el valor social en el caso de las sociales y el beneficio en el caso de las mercantiles. Una interpretación más amplia ha permitido extender los fines de las empresas sociales a otros de carácter económico, de la misma manera que las empresas mercantiles pueden generar valor social. Así, se reconoce que en la ejecución de sus procesos las empresas mercantiles pueden generar valor social, y las empresas sociales pueden generar beneficios privados. En principio, no obstante, a pesar de estos beneficios secundarios, las organizaciones mercantiles y sociales estarían impulsadas por misiones diferentes.

Entre las empresas mercantiles está extendido, en todo caso, el uso de declaraciones como la misión o el propósito para comunicar y adherirse no solo al cumplimiento de una actividad empresarial generadora de valor económico para los accionistas sino también a unos valores y comportamientos para favorecer a diversos stakeholders de la organización. Sin embargo, en ocasiones no se encuentran evidencias de que esta relación exista y los contenidos de la misión no están soportados en la práctica. Por otro lado, en la actualidad se tiende a declaraciones híbridas que tanto en las empresas mercantiles como en las sociales se basan en conceptos relacionados con la competitividad, el compromiso social y el compromiso ambiental. En suma, se trata de conceptos compartidos, independientemente de la naturaleza de la empresa, y a través de los cuales se manifiesta en las empresas mercantiles el interés por generar un valor social, que se relaciona con la sostenibilidad. En paralelo, desde las empresas sociales, especialmente desde las que se integran en el modelo de empresa de la economía social, se ha fortalecido una práctica que subraya la necesidad de generar empresas competitivas y rentables económicamente como vía para el cumplimiento del propósito social, enfatizando que la diferencia entre la empresa social y la empresa mercantil no está tanto en la generación o no de un valor económico sino en el uso que de él se hace.

Un concepto a través del cual se integran el valor social y el económico es el del valor compartido, sobre el que en las últimas dos décadas han trabajado Michael Porter y Mark Kramer. Reconocen que, bajo el concepto de Responsabilidad Social Corporativa, muchas empresas hacen esfuerzos por valorar las consecuencias sociales y empresariales de su actividad, pero consideran que se trata de un enfoque inadecuado que implica la gestión del valor económico y del valor social de forma independiente, con intereses que pueden ser contrapuestos. Frente a ello, basándose en que la empresa y la sociedad son claramente interdependientes, proponen la identificación y gestión de oportunidades para la generación de un valor compartido, ya que la empresa puede generar una ventaja competitiva a la vez que un beneficio para la sociedad, elaborando y poniendo en marcha una agenda de temas y proyectos sociales de interés estratégico para la empresa.

En el marco descrito, el concepto de valor social se ha entendido de diferentes maneras. Así, Ana Peredo y Murdith McLean concluyen que «generar valor social es contribuir al bienestar en una determinada comunidad de personas». La Social Enterprise Knowledge Network (SEKN) define valor social como «la búsqueda del progreso social, mediante la remoción de barreras que dificultan la inclusión, la ayuda a aquellas personas o grupos temporalmente debilitados o que carecen de voz propia y la mitigación de efectos secundarios indeseables de la actividad económica». El valor social se ha entendido también como la preocupación que las personas tienen por otras personas, que en la gestión de proyectos se manifestará en que la motivación y los objetivos al evaluar la asignación de recursos introduce otros elementos que no son exclusivamente el beneficio económico propio o el coste.

En la propuesta de un modelo de integración del valor social en la gestión estratégica, el valor social es la utilidad proporcionada por una organización a sus stakeholders, incorporando de esta manera a estos como un elemento clave del modelo. Las empresas y otras organizaciones son capaces de aportar una utilidad para la sociedad o para una parte de la misma, que debe identificarse y medirse a fin de poder incorporarla a la estrategia de la organización.

Gestión estratégica orientada a stakeholders

Como ya anticipábamos en el capítulo anterior, la investigación en el ámbito de la dirección estratégica ha sido prolija durante décadas y, sin embargo, el foco de la investigación se ha centrado en el desempeño económico de las organizaciones, prestando poca atención a la sociedad o al desempeño social. El valor social no ha estado en el léxico prioritario de la investigación en dirección estratégica en las etapas de desarrollo en las que se han planteado los fundamentos de la disciplina y las cuestiones clave, se han desarrollado las principales metodologías de investigación y se han generado los modelos y herramientas utilizados por las empresas en su gestión estratégica, que siguen siendo modelos de referencia.

Sin embargo, es necesario recurrir a una línea de búsqueda diferente en torno a la responsabilidad social de la empresa para encontrar conceptos tales como la acción social, la reputación corporativa o la ética empresarial como partes de un marco más integrador que se denomina Responsabilidad Social Corporativa o Responsabilidad Social Empresarial.

La evolución en la investigación sobre la Responsabilidad Social Empresarial pone de manifiesto su carácter multidimensional, pues incorpora no solo conceptos empresariales sino también legales o éticos. Y es desde esta perspectiva multidimensional desde la que en 1984 Edward Freeman relaciona la responsabilidad social de la empresa con la gestión estratégica a través de la teoría de stakeholder. La estrategia orientada a stakeholders se presenta como un enfoque integrador de diferentes visiones de la dirección estratégica, al tener en cuenta el contexto de la industria en el que opera, la base de recursos internos de los que dispone y el entorno social que también la afecta, entendiendo que la empresa es el resultado de un conjunto de interacciones con sus diversos stakeholders. En este marco, se genera un paradigma diferente sobre la forma en que las empresas generan y distribuyen el valor, que está en la base de nuestra propuesta y en el que creemos adecuado profundizar.

Aunque el término *stakeholder* ya había sido utilizado en diferentes contextos, las primeras menciones a los stakeholders en el marco de la dirección estratégica pueden atribuirse a Igor Ansoff, uno de los autores clásicos en el ámbito de la dirección estratégica, quien en 1965 ve a los stakeholders como un elemento del análisis a considerar en la medida en que puede suponer una restricción al cumplimiento de objetivos. Así, los fundamentos de la estrategia corporativa, que se van desarrollando en esta época, se centran en la búsqueda de los objetivos *reales* de la empresa, que se entiende que son los económicos, y el concepto de stakeholder queda limitado en su utilización al análisis del entorno de las organizaciones.

Frente a ello, Freeman dota de centralidad al concepto, al considerar la organización integrada por stakeholders que tienen intereses legítimos que los gestores deben satisfacer de forma equilibrada. Define stakeholder como «cualquier grupo o individuo que puede afectar o es afectado por el logro de los objetivos de la empresa»; y entre los stakeholders incluye a los accionistas de la empresa. Su posición tiene dos efectos inmediatos: i) El primero es que hace falta un marco diferente en el cual se desarrollen los procesos de la organización, entendiendo a cada uno de los stakeholders con los que la empresa necesita relacionarse, y ii) es necesario desarrollar una perspectiva más amplia de esta necesidad; la empresa no solo necesita relacionarse sino integrarse con sus múltiples stakeholders para tratar sobre múltiples temas, teniendo que formular, implantar y dar seguimiento a las estrategias para cada stakeholder. Así, surge la teoría de stakeholder como una nueva narrativa de la empresa para afrontar sus retos, con una progresiva influencia sobre diferentes ámbitos de la empresa y sobre el desempeño empresarial. Bajo el enfoque orientado a stakeholder los gestores se preocupan por la creación de valor ya que el valor económico y el valor social se consideran conjuntamente como elementos a alinear, no a enfrentar.

En colaboración con John McVea, Edward Freeman identifica siete factores diferenciadores del enfoque basado en stakeholder en el proceso de gestión estratégica frente a otros enfoques. Esto permite visualizar implicaciones sobre la forma de abordar la gestión estratégica, que hemos trasladado a la tabla 2.

Tres ideas (figura 4) emergen con mayor fuerza y de forma transversal, por lo que creemos importante recalcarlas: i) el enfoque integrador

TABLA 2

Factores diferenciadores del enfoque basado en stakeholders en la gestión estratégica

Factores	Cómo abordar la gestión estratégica	Cómo no abordar la gestión estratégica
1. Proporciona un único marco estratégico, que orienta para hacer frente a cambios del entorno	Enfoque flexible, evitando que cada cambio en el entorno signifique un nuevo problema estratégico.	Como un proceso de constante cambio de paradigma estratégico.
2. Es un proceso de gestión estratégica más que un plan	Perfilando una dirección para la empresa, sabiendo que la empresa y su entorno son interdependientes.	Tratando de diseñar planes para explotar la posición de la empresa basados en la predicción del futuro.
3. Se interioriza que conseguir los objetivos de la organización es clave para su supervivencia	Entendiendo la relación con los stakeholders. Asumiendo la necesidad de un trabajo continuo para equilibrar e integrar relaciones y objetivos diversos.	Limitándose a optimizar el funcionamiento actual de la empresa. Fijando un único objetivo que integra todo.
4. Se desarrolla la estrategia mirando fuera de la empresa, identificando e invirtiendo en las relaciones que pueden asegurar el éxito a largo plazo.	Contando con los stakeholders, que son quienes pueden afectar a la organización. Estrategia basada en valores, ya que solo si se comparten valores se puede cooperar a largo plazo. Desarrollo de estrategias integradoras.	Ignorando algunos de los stakeholders clave y la importancia de la creación de valores.
5. Es un enfoque tanto descriptivo como prescriptivo	Integrando perspectivas de análisis económico, político y moral. Diseñando activamente una dirección para la empresa. Participando en la creación del entorno futuro.	Limitándose a la descripción de datos y hechos. Adoptando la posición de los stakeholders como un elemento invariable, que la empresa no puede contribuir a cambiar.
6. Demanda el conocimiento específico de los stakeholders de la empresa, no el general de una categoría de stakeholders	Entendiendo la situación concreta de los stakeholders.	Limitándose a un entendimiento general de cada categoría de stakeholder.
7. Requiere un enfoque integrado en el proceso de toma de decisiones	Encontrando vías para satisfacer a varios stakeholders simultáneamente. Asumiendo que a corto plazo se pueden generar situaciones de conflicto entre diferentes stakeholders. Asegurando la coherencia de las decisiones en la misma dirección.	Fijando estrategias únicas para cada stakeholder. No entendiendo que la estrategia requiere negociación y renuncia.

FUENTE: Elaboración propia basada en la propuesta de Freeman y McVea (2001).

FIGURA 4

Elementos clave de la gestión estratégica orientada a Stakeholders

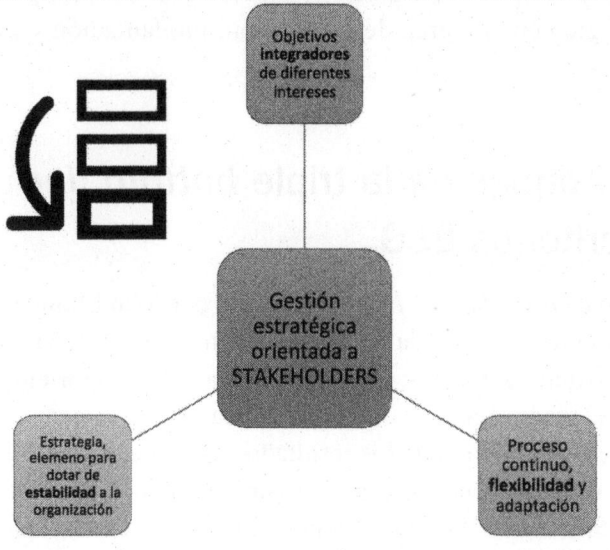

FUENTE: Elaboración propia basada en la propuesta de Freeman y McVea (2001).

de la estrategia, que debe responder a través de la fijación de objetivos integradores a las diferentes expectativas y situaciones de los stakeholders. El cumplimiento de estos objetivos resulta crucial para la supervivencia de la empresa. En esta línea, aunque a largo plazo todos los stakeholders puedan beneficiarse de la acción de la empresa, se deben admitir oscilaciones a corto plazo en la aportación de valor, que pueden perjudicar a unos stakeholders y beneficiar a otros; ii) la estrategia como elemento que proporciona estabilidad, aportando dirección, generando un marco estratégico único y evitando que cualquier cambio del entorno pueda suponer un cambio de paradigma; y iii) la estrategia como proceso continuo, no limitado al plan, lo que demanda flexibilidad y adaptación a situaciones emergentes, entendiendo la estrategia como un proceso iterativo y no tanto como un proceso lineal.

La estrategia hace referencia a la compleja realidad de una organización en la que a los gestores les corresponde gestionar el conjunto y no solo una de sus partes. La teoría de stakeholder incluye aquellos que pueden ser tildados como agentes con intereses económicos (clientes, proveedores y accionistas) así como aspectos no económicos de la relación con otros stakeholders. En nuestra propuesta partimos de la asunción de esta perspectiva integradora de la teoría de stakeholder, como lo debe ser asimismo el sistema de información que se utilice para el análisis estratégico en el marco de la creación, implantación y evaluación de estrategias.

Los enfoques de la triple *bottom line* y los criterios ESG

El término de triple *bottom line* fue acuñado por John Elkington en 1994 como forma de encauzar la respuesta a la necesidad de la empresa de adoptar posicionamientos beneficiosos para la propia empresa, sus clientes y el medio ambiente. A través de este planteamiento se amplía el alcance de la valoración de los resultados de una empresa, llegando no solo a un resultado económico sino también a un resultado social y a uno medioambiental. Por ello, Elkington relaciona el concepto de la triple *bottom line* con el desarrollo sostenible, afirmando que «la sociedad depende de la economía y la economía depende del ecosistema global, cuya salud es la última de las *bottom lines* [...] y el reto de la sostenibilidad es más grande que el de cualquiera de sus componentes aislados». Se ha entendido que los objetivos comunes que se plantean desde las tres perspectivas no son adecuados para impulsar la creación de valor para todos los stakeholders afectados, por lo que surge un conflicto que la empresa debe resolver y que incide en la importancia no ya de la generación de valor sino de su distribución equilibrada, teniendo en cuenta que hay stakeholders que tienen un mayor impacto y asumen mayores riesgos en la empresa, por lo que pueden ser priorizados.

La triple *bottom line* ha sido relacionada con el concepto de modelo de negocio. Aunque este concepto no es nuevo, ha sido objeto de investigación en los últimos años y ha adquirido mayor relevancia en un contexto en el que se ha promovido la innovación de los modelos de negocio como un elemento a integrar en la estrategia corporativa. Osterwalder y Pigneur definen el modelo de negocio de una empresa como «la lógica por la que una organización crea, distribuye y captura valor» y plantean su representación visual en torno a nueve bloques de información, que constituyen el *business model canvas*. Entendido como una herramienta de gestión útil en procesos que demandan creatividad, ha sido objeto de adaptación a diferentes contextos, por ejemplo, el del emprendimiento, haciendo surgir variaciones como el *lean canvas*. Otra de las adaptaciones, el *triple-line business model canvas* (TLBMC) constituye una extensión del *canvas* que integra la creación de valor económico, social y ambiental en tres capas diferenciadas de análisis (figura 5).

Por otro lado, en una línea diferente pero que en algunos ámbitos se ha asociado de forma errónea a la triple *bottom line*, los criterios ESG representan un conjunto de factores de referencia que han ganado presencia en los últimos años en el entorno empresarial. En 2004, el UN Global Compact hizo referencia al término ESG para englobar bajo un acrónimo los criterios medioambientales, sociales y de gobernanza, proponiendo su inclusión en las decisiones de inversión para contribuir en último término a la creación de mercados más estables, en beneficio de todos los actores del mercado.

Tras la irrupción de la pandemia de la COVID-19, los criterios ESG se han utilizado para caracterizar el enfoque estratégico de las empresas hacia la sostenibilidad, de forma fragmentada y sin que se haya definido

FIGURA 5

Triple-line business model canvas

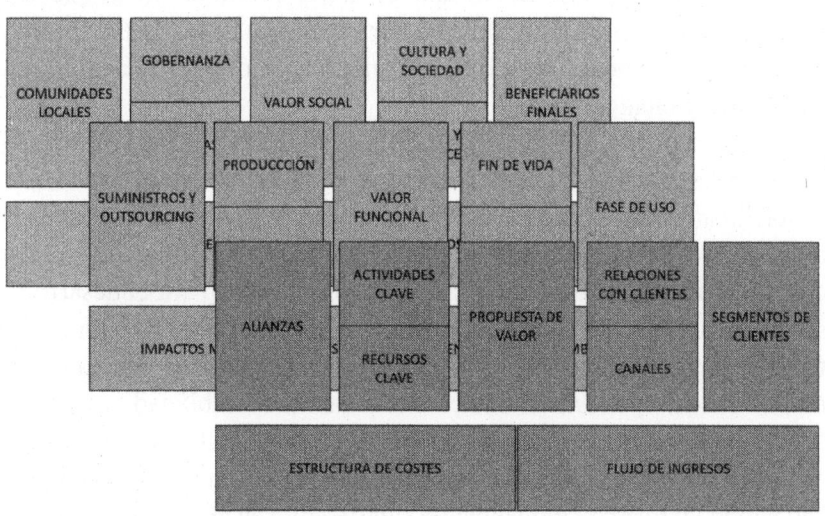

FUENTE: Elaboración propia.

un marco conceptual claro en el que se entiendan las similitudes o diferencias entre las estrategias de sostenibilidad, las estrategias de responsabilidad social corporativa o las estrategias ESG. Se trata, en todo caso, de tres tipos de criterios que responden a mediciones no financieras. Sin embargo, generar un marco único de gestión resulta una tarea ardua, ya que incluso los dos primeros criterios hacen referencia a resultados y el de gobernanza a un proceso.

Las demandas de los stakeholders y el valor de lo que está en juego para cada uno de ellos cambian, y todo ello puede tener un impacto importante en la dinámica de las organizaciones. De ahí se deriva la importancia de integrar a los stakeholders en la estrategia, bien sea esta la contemplada desde una perspectiva funcional o corporativa.

Contabilidad social

En este punto, creemos oportuno aportar una visión general sobre diversas distinciones y usos del término *contabilidad social* y otros relacionados, a fin de centrar el alcance de la contabilidad social al que haremos referencia en nuestra propuesta. Entendemos la contabilidad social como un sistema de información aplicado en la gestión de la empresa u otro tipo de organización para calcular, gestionar e informar sobre el valor social que genera. El enfoque de la triple *bottom line* al que nos hemos referido en el apartado anterior recoge una *bottom line* social, el desarrollo de cuya contabilidad resulta más complejo que las líneas económica y medioambiental.

En algunos contextos el término de contabilidad social se ha asociado de forma inseparable al campo ambiental, de tal modo que se habla de la contabilidad social y ambiental (SEA, Social and environmental accounting). Incluso, desde una perspectiva aún más amplia se ha acuñado la contabilidad para la sostenibilidad o la contabilidad para el desarrollo sostenible o ASD (Accounting for Sustainable Development). En un intento de vincular la teoría de stakeholder y la contabilidad para la sostenibilidad, se propone asimismo el enfoque de la contabilidad social para la sostenibilidad y los stakeholders. También las iniciativas relacionadas con la auditoría y contabilidad social (SAA, Social Accounting and Audit) han tenido un nivel de implantación significativo en el Reino Unido y en otros países, y teniendo en cuenta el objetivo de generar un modelo que contemple el valor desde una perspectiva integral, es importante asimismo considerar enfoques de ampliación de la contabilidad financiera hacia una contabilidad para la gestión estratégica, a la que se pueden relacionar contribuciones significativas en el ámbito de la gestión, como el cuadro de mando integral.

Lo anterior ilustra la fragmentación existente en este ámbito. Se han clasificado los modelos de información sobre sostenibilidad de diversas maneras. En la medida en que categorizar puede ser útil para entender la diversidad de sistemas en la que nos movemos y elegir los enfoques adecuados para un modelo de integración del valor social en la estrategia, presentamos en la tabla 3 una serie de criterios y tipologías de modelos de información sobre sostenibilidad.

En este contexto, y teniendo en cuenta que los límites entre algunos sistemas son difusos, cabe señalar que las primeras aplicaciones de la contabilidad social en la empresa surgen como una extensión de la con-

TABLA 3

Clasificación de modelos de información sobre sostenibilidad

Criterios	Tipología
Perspectiva de la sostenibilidad	• Económica. • Social. • Ambiental. • Integrada (dos o tres ámbitos de la sostenibilidad).
Tipo de información	• Cualitativa. • Cuantitativa.
Unidades de medición	• Monetarias. • No monetarias.
Principios básicos	• Contabilidad financiera. • Análisis input-output. • No numéricos.
Alcance	• Empresas y organizaciones. • Proyectos.
Aplicabilidad	• Sectorial. • Universal.
Orientación	• Orientada a stakeholders. • No orientada a stakeholders.
Nivel de desarrollo	• Teórico. • Testado empíricamente.

FUENTE: Elaboración propia.

tabilidad, cuando a esta se incorporan ámbitos de estudio como el comportamiento humano, las relaciones intergubernamentales o los valores de la fuerza de trabajo. En unos primeros momentos, se tiende a incorporar actuaciones sociales de las empresas a los sistemas de reporte, pero exclusivamente limitadas a aquellos hechos socioeconómicos que tengan una repercusión financiera importante para la empresa.

Durante las últimas décadas del siglo XX se desarrollan diversos enfoques de contabilidad social basados en las teorías de contrato social, dando lugar al balance social o a informes de reporte que complementan la información de los estados financieros. A principios del siglo XXI, la Global Reporting Initiative lanzaba las primeras directrices para la elaboración de memorias de sostenibilidad, incorporando el compromiso de la organización con los stakeholders y concretando el ámbito de información e indicadores de diferente tipología sobre los que reportar.

Lo anterior nos lleva a detenernos en la consideración de la influencia de la teoría de stakeholder sobre la contabilidad y los sistemas de reporte. No en vano, la medición del valor generado a los stakeholders es uno de los retos que la teoría de stakeholder plantea al ámbito de la contabilidad.

En este contexto, entre las aproximaciones a la medición del valor social de tipo cuantitativo, orientadas a stakeholders y expresadas en unidades monetarias hay dos corrientes fundamentales: la contabilidad social y el análisis coste-beneficio (SROI), cuyas principales diferencias sintetizamos en la tabla 4. El nivel de aplicación, la perspectiva temporal, los principales outputs de análisis y la principal utilidad de la contabilidad social son elementos diferenciales como sistema de información a utilizar en la gestión estratégica de una empresa. La contabilidad social aporta la posibilidad de analizar desde una perspectiva estratégica la trayectoria de la empresa, extraer ratios de análisis diversos y obtener una visión integral del desempeño económico y social de la organización. Recientemente, a la vista del progresivo incremento en la aplicación de la contabilidad social en la práctica, esta se ha descrito como un modelo ampliado de contabilidad que permite incorporar la perspectiva del propósito a los resultados.

En el trabajo de investigación que ha dado origen a esta publicación se han analizado de forma pormenorizada diversas iniciativas de información y reporte social a escala internacional (tabla 5). El análisis ha permitido entender el diferente alcance y nivel de aplicabilidad en la prác-

TABLA 4

Diferencias entre la contabilidad social y el análisis coste-beneficio

	Análisis coste-beneficio/SROI	Contabilidad social
Objetivo	Evaluar si merece la pena la inversión realizada en una intervención.	Calcular el valor social que genera o detrae una organización durante un período temporal (ejercicio).
Nivel de aplicación	Proyectos, programas y políticas.	Organizacional, estratégico y de políticas.
Perspectiva temporal	Retrospectivo o prospectivo (fundamentalmente prospectivo).	Fundamentalmente retrospectivo, aunque los resultados pueden utilizarse para hacer inferencias prospectivas.
Descuento de valor futuro	Sí	No, ya que trabaja sobre valor pasado.
Teoría del cambio	Sí	No exige la teoría del cambio, aunque puede tener cabida de forma instrumental.
Principales outputs de análisis	Ratio SROI > 1	Genera una contabilidad completa, de la que puede extraerse cualquier ratio que se considere pertinente.
Principal utilidad	Establecimiento de prioridades en la toma de decisiones de inversión.	Comprensión del valor social generado y distribuido. Mejora la estrategia/gestión en la optimización del valor social generado o en su distribución.

FUENTE: Retolaza y San-Jose (2019).

tica de cada una de ellas y, así, proponer el sistema de información que mejor permite la integración del valor social en los procesos de gestión estratégica de las organizaciones, que presentamos entre las principales conclusiones de este capítulo en su apartado final.

TABLA 5

Iniciativas de información y reporte social analizadas

GRI (Global Reporting Initiative)	www.globalreporting.org
Balance social – Auditoría social iBase	https://jussemper.org
Balance y auditoría social REAS	https://reas.red/auditoria-balance-social/
Social Audit Network	https://www.socialauditnetwork.org.uk/
Social Value Portal	https://socialvalueportal.com/
Stanford Social Innovation Review	https://ssir.org
Accounting for Sustainability (A4S)	www.accountingforsustainability.org
SROI – Social Value International	www.socialvalueint.org
Shared value Initiative	https://sharedvalue.org
Total Societal Impact Framework	https://www.bcg.com/publications/2017/total-societal-impact-new-lens-strategy
Modelo de información integrada de AECA	www.aeca.es
Modelo poliédrico de la contabilidad social – GEAccounting	www.geaccounting.org
Guía de la Comisión Europea para la preparación de memorias de información no financiera	https://finance.ec.europa.eu/publications/commission-guidelines-non-financial-reporting_en

Fuente: Elaboración propia.

Conclusiones. Hacia la identificación de un modelo de información social para la gestión estratégica de las organizaciones

Cabe empezar señalando que, aunque la producción científica que relaciona estrategia y sociedad ha crecido en el siglo XXI, está lejos de alcanzar los niveles de desarrollo que relacionan la estrategia con el desempeño económico, tras décadas de estudio orientado a dar respuesta a una cuestión clave, como es el mejor desempeño económico de unas empresas frente a otras. En primer lugar, podemos destacar que la gestión estratégica del valor social ha estado ausente en las principales fases de desarrollo de la dirección estratégica como disciplina de estudio y, por lo tanto, en las propuestas de las principales teorías y enfoques de la dirección estratégica.

Además, las herramientas para trasladar a la praxis el conocimiento desarrollado han tenido asimismo una inspiración económica, y las adaptaciones para contemplar el valor social son comparativamente anecdóticas. Específicamente, la disponibilidad de estados financieros como fuente de información posibilita abordar análisis empíricos que relacionan estrategia y desempeño económico, que no son comparables con los del desempeño social.

En este marco, el desarrollo de la teoría de stakeholder, de los conceptos de responsabilidad social corporativa o de valor social compartido y los enfoques integrados de la triple *bottom line* y de la ESG emergen como algunas de las aportaciones teóricas con mayor impacto en la práctica, contemplando diferentes fuentes de generación de valor (económico, social y ambiental) bajo el concepto de sostenibilidad. Aunque todavía en fase incipiente, existe ya una trayectoria, un debate científico y una aplicación en la práctica que permite valorar tanto los avances conseguidos como las dificultades encontradas.

Tras habernos acercado al concepto de contabilidad social y a las diferentes influencias que lo han asociado a las restantes dimensiones de la sostenibilidad, hemos abordado un análisis de iniciativas para la implantación de sistemas de contabilidad social o contabilidad social y ambiental. A pesar de la fragmentación de modelos existentes, se encuentra una base común a todos ellos, que, en general, se justifican y se plantean como respuestas a necesidades y demandas actuales de la sociedad. A partir de ahí, cada uno de los modelos se distingue de los demás por perseguir unos objetivos; o por presentar un enfoque diferenciado para su cumplimiento; o por su trayectoria, bien de desarrollo teórico, de aplicación en la práctica o una combinación de ambas. La utilización de uno u otro modelo, en estos momentos, varía en función de los objetivos, las necesidades y los deseos existentes en una organización que pretende en algún ámbito y desde alguna perspectiva medir el valor social que genera.

Un aspecto de amplio nivel de acuerdo es que se reconoce que las demandas sociales se trasladan a través de los stakeholders de la organización, lo que ha llevado a la generación de modelos que los tienen en cuenta bien en la recogida de la información, en la devolución de los resultados o en ambos momentos del proceso. Entre los modelos cuya implantación requiere un diálogo con los stakeholders cabe destacar los soportados por iniciativas como la GRI, la Social Audit Network, el Social Value Portal o el modelo poliédrico de la contabilidad social. En un contexto demandante de una gestión estratégica orientada a stakeholders, se impone un modelo de contabilidad que ayude a las organizaciones a visualizar cómo se distribuye el valor entre cada uno de ellos.

Otro aspecto que consideramos importante destacar es la expresión de la contabilidad en unidades monetarias en modelos como el del Social Value Portal, el de Social Value International-SROI o el modelo poliédrico de la contabilidad social, frente al uso de indicadores en diversas unidades. La expresión en valor monetario es un paso adicional a la identificación de métricas de valoración del propósito de una empresa y la importancia de utilizar unidades monetarias vinculadas a estas métricas reside en que son la base sobre la que se asignan recursos y se toman decisiones por parte de diferentes stakeholders. En suma, permiten una integración con los resultados económico-financieros de la empresa, aportando así una información integrada importante para el conjunto de stakeholders, bien sean aquellos que afectan a la empresa por su capacidad para asignar los recursos o los que pueden afectarla a través de otras actividades, como pueden ser las personas que trabajan en la empresa o el entorno comunitario. Desde una perspectiva estratégica, el cálculo integrado del valor en las mismas unidades de referencia facilita una visión integrada de la organización, lo que es uno de los factores para desarrollar el pensamiento estratégico.

El análisis de diferentes modelos también ha permitido identificar aplicaciones de carácter sectorial, vinculadas fundamentalmente a organizaciones del ámbito comunitario o tercer sector; por ejemplo, el Balance Social de REAS en España o la Social Audit Network en Reino Unido, frente a otras que tienen una vocación de aplicación universal, independientemente de que para ello pudiera ser necesaria una adaptación, como es el caso de la GRI, lo que se ha concretado en el desarrollo de estándares de diferente alcance, bien de aplicación universal o de aplicación sectorial. Buscamos en este momento la generación de un modelo de aplicación universal para la integración del valor social en la gestión estratégica, por lo que la universalidad del sistema de información que lo soporte es un aspecto a tener en cuenta.

Finalmente, el análisis también ha permitido identificar modelos creados originariamente para la valoración del impacto esperado de proyectos con recursos específicos reservados para su desarrollo (por ejemplo, SROI). Y también otros modelos que se han originado con la finalidad de generar una aplicación sistemática en una organización, basados en datos del pasado, como los de la contabilidad social y ambiental. Si bien los modelos han tendido a ampliar el alcance de su aplicación y a modo de ejemplo, la propuesta de A4S es adecuada para organizaciones, proyectos o programas, es importante subrayar que, para la gestión estratégica, la aplicación sistemática aporta la posibilidad de evaluar la trayectoria de la propia organización, algo necesario en el análisis y el seguimiento estratégico, además de la comparabilidad con otras organizaciones en períodos similares (benchmarking).

De entre los analizados, un modelo ya testado en diferentes organizaciones, de aplicación universal, que proporciona información integrada a través del uso de unidades monetarias y cuenta con los stakeholders en la identificación del valor generado y en la presentación de los resultados de distribución de dicho valor, es el modelo poliédrico de la contabilidad social. Por sus características, por lo tanto, un modelo adecuado para proporcionar información de una empresa que pueda ser utilizada en cualquiera de las fases de su proceso estratégico. En suma, es el sistema de información que nos sirve de referencia para integrar el valor social en la gestión estratégica a través del modelo SVS. Por ello, consideramos importante dedicar el siguiente capítulo a presentar los rasgos característicos del modelo poliédrico de la contabilidad social.

Resumen. A tener en cuenta...

1. Las grandes diferencias en la disponibilidad de herramientas de gestión diseñadas para un fin u otro determinan que el análisis estratégico del desempeño económico tenga en la actualidad un alcance notablemente superior al del desempeño social.

2. Durante décadas, las principales referencias a la generación de valor social por parte de la empresa están vinculadas al desarrollo de la Responsabilidad Social Corporativa,

entendiéndose el valor social y el valor económico como dos ámbitos claramente diferenciados.

3. A través de la teoría de stakeholder se plantea un marco integrador, que atiende a la complejidad de la realidad de la empresa y sus interacciones con el entorno en el que opera.

4. La teoría de stakeholder plantea la necesidad de mantener alineados los intereses de los diferentes stakeholders de una organización. Para que esto no sea solo un discurso, sino que se transforme en una realidad que puede gestionarse, uno de los retos que se plantean es la necesidad de una contabilidad para los stakeholders, que permita comunicarse con cada uno de ellos y gestionar el valor que se les genera, de forma equilibrada.

5. Durante los últimos años se han desarrollado diferentes modelos y herramientas para medir el valor social, el impacto social, la función social u otros términos que en algunos casos no han llegado a diferenciarse. Más allá de la confusión que todo esto esté pudiendo generar, puede concluirse que existen dos tendencias claramente diferenciadas: el análisis coste-beneficio y una contabilidad social y ambiental (SEA) que se desarrolla de forma sistemática en la organización.

6. El modelo poliédrico de la contabilidad social reúne características adecuadas para responder al reto de la integración del valor social en la estrategia. Un modelo de aplicación universal basado en la teoría de stakeholder, que permite la identificación y gestión sistemática del valor social generado y distribuido por la organización, desde una perspectiva integrada del valor y expresándolo en unidades monetarias.

3

EL MODELO POLIÉDRICO
DE LA CONTABILIDAD SOCIAL

Visión general y aplicación

Global Economic Accounting[1] es una Agrupación de Interés Económico sin ánimo de lucro que promueve la difusión y la utilización de la contabilidad social expresada en unidades monetarias. El concepto surge ante las limitaciones de la contabilidad financiera al recoger exclusivamente transacciones de carácter económico, visión restrictiva que se propone superar. A tal fin, a partir de un trabajo de investigación-acción puesto en marcha por los profesores Retolaza, San-Jose y Bernal en la empresa Lantegi Batuak, se desarrolló el modelo poliédrico de la contabilidad social, basado en la teoría de stakeholder, y la metodología Spoly para su implantación en cualquier tipo de organización.

El modelo poliédrico de la contabilidad social es, por lo tanto, una de las aproximaciones a la contabilidad social orientada a stakeholders y expresada en unidades monetarias, cuya aplicabilidad ha sido testada empíricamente. Las experiencias de empresas y otro tipo de organizaciones que lo han implantado han aumentado de forma significativa en los últimos años.

El modelo puede asociarse a un concepto único de contabilidad social y ambiental (SEA, Social and Environmental Accounting), alineado con el enfoque de la línea social de la triple *bottom line*, e incorpora una perspectiva integrada del desempeño económico y social de una organización. En algunos casos se ha denominado *stakeholder accounting*, y se presenta como un modelo ampliado de contabilidad (figura 6).

Así, la información del sistema contable se ve ampliada en dos sentidos: el tipo de transacciones que recoge y los stakeholders a los que se

---

1. www.geaccounting.org

FIGURA 6

Visión general del sistema de contabilidad social

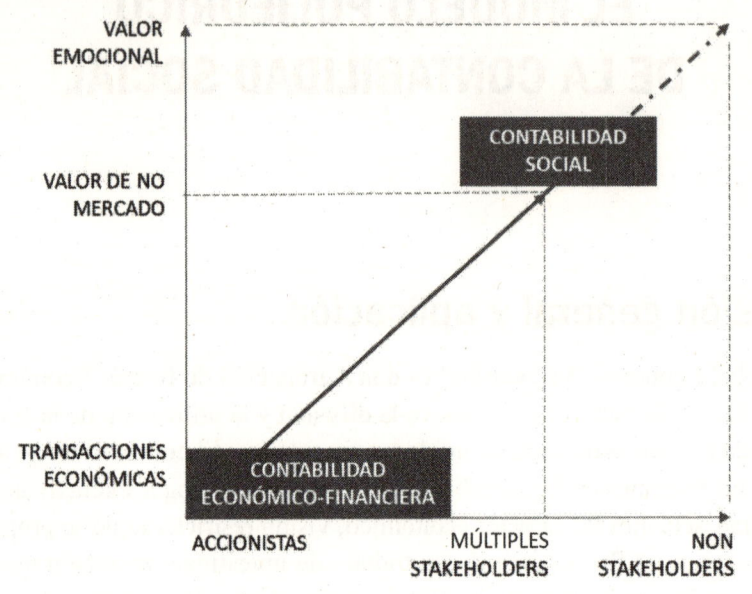

FUENTE: Freeman *et al*. (2020).

dirige. De esta forma, se enriquece el potencial de relación con estos y, en lo que ahora nos atañe de forma particular, se calcula y analiza el alcance de los diferentes flujos de valor de tal manera que la información resultante se puede incorporar a la gestión estratégica:

- Por un lado, el modelo aporta una visión integral de la información, pues recoge tanto el valor generado a través de la actividad mercantil –valor social de mercado (VSM)– como el generado en transacciones al margen del mercado –valor social de no mercado (VSNM)–. La suma de ambos es el valor social integrado (VSI).
- En los últimos años, además, se ha avanzado de forma significativa en la investigación sobre la medición del valor emocional y se han desarrollado aplicaciones prácticas que permiten agregarlo al VSI y llegar al cálculo del valor socioemocional.
- Por otro lado, el modelo está orientado a los diferentes stakeholders de la organización y recoge el valor que se distribuye a cada uno de ellos, bien sea a través de una relación de mercado o más

allá de estas relaciones. Podrá haber stakeholders a los que se aporte valor exclusivamente a través de uno u otro sistema, así como otros a los que se aporte valor a través de ambos sistemas.

El modelo poliédrico ha sido objeto de aplicación en organizaciones de diverso tipo, tanto públicas como privadas, mercantiles y de la economía social. En el análisis de diferentes casos emerge con fuerza una primera motivación relacionada con la comunicación de los resultados. Sin embargo, la interiorización de la sistemática de contabilidad social apunta hacia otros ámbitos de aplicación, como su utilización en la gestión estratégica, la incorporación de criterios sociales en la compra pública, la valoración de empresas –llevándola a horizontes no solo económico-financieros sino también sociales–, o el emprendimiento.

Para la implantación del modelo se ha desarrollado una metodología (figura 7) cuya instauración en un proceso estructurado en cinco fases permite llegar al cálculo de los diferentes sistemas de valor. En los si-

---

FIGURA 7

Metodología spoly para la implantación del modelo poliédrico de la contabilidad social

FUENTE: Retolaza *et al*. (2014).

guientes apartados se proporciona mayor detalle sobre el alcance de cada sistema y los diferentes pasos y actividades contemplados en la metodología.

Presupuestos teóricos y sus implicaciones para la práctica

El modelo poliédrico se ha desarrollado a partir de cuatro presupuestos teóricos, lo que implica el seguimiento de criterios y pautas de actuación acordes con dichos presupuestos en el momento de implantar el sistema de contabilidad social en una organización. Estos cuatro presupuestos, que han sido recogidos en diversos estudios sobre la aplicación práctica del modelo son: i) Action Research, ii) Teoría de stakeholder, iii) Perspectiva fenomenológica, y iv) Lógica difusa. Los cuatro están presentes a lo largo de todo un proceso de implantación de la contabilidad social y cada uno de ellos tiene implicaciones específicas sobre algunas de las actividades del proceso (tabla 6).

En primer lugar, la técnica de investigación Action Research, aplicada en campos diversos como la educación, la salud o la empresa, supone un proceso de trabajo colectivo en el que los participantes se implican en la construcción de la solución a un problema. La técnica implica acción e investigación. La primera tiene que ver con la identificación y el debate sobre un tema en el contexto de trabajo y con los equipos de la organización; y la segunda supone un enfoque sistemático de tratamiento de la información. Al aplicar el modelo poliédrico en una organización, esta técnica supone la formación de un equipo mixto de trabajo, compuesto por investigadores y el equipo directivo de la empresa. Este equipo participa en un proceso de indagación y aprendizaje colectivo.

Un segundo presupuesto es el de la teoría de stakeholder, a través de la cual se propone a las organizaciones reflexionar sobre las relaciones y el valor generado para diferentes grupos o entidades que pueden influir en el desempeño de una organización o ser influenciados por la misma. La narrativa construida a partir de esta idea ha tenido aplicación en el campo de la gestión estratégica, el marketing, la contabilidad, las finanzas y la ética. La teoría de stakeholder está presente a lo largo de todo el proceso de implantación de la contabilidad social, desde la planificación inicial de actividades y la identificación del mapa de stake-

TABLA 6

Presupuestos teóricos del modelo poliédrico y sus implicaciones en la implantación de un sistema de contabilidad social

Presupuestos teóricos	Implicaciones en la implantación de un sistema de contabilidad social en una organización
Action Research	Formación de un equipo de trabajo mixto compuesto por investigadores y el equipo directivo de la empresa.
	Proceso de aprendizaje colectivo en el que participa el equipo para entender y resolver problemas, incorporando las soluciones al sistema de contabilidad social.
Teoría de stakeholder	Identificación del mapa de stakeholders al inicio del proceso.
	Diálogo con los stakeholders como actividad clave para la identificación de variables de valor.
	Asignación y cálculo del valor distribuido a cada stakeholder, tanto en el sistema de valor social de mercado como de no mercado.
	Potencial análisis y valoración para la estrategia hacia cada stakeholder.
Perspectiva fenomenológica	Diálogo con los stakeholders como actividad clave para la identificación de variables de valor, desde su percepción subjetiva.
Lógica difusa	Definición de rangos de valor para cada una de las variables de valor identificadas en el diálogo con los stakeholders.

FUENTE: Elaboración propia.

holders de la organización hasta el cálculo del valor generado a cada uno de ellos, pasando por el mantenimiento de un diálogo utilizando diferentes técnicas de tipo cualitativo con personas o grupos de personas que representen a los stakeholders identificados.

En tercer lugar, la perspectiva fenomenológica supone incorporar a la investigación la subjetividad humana, dando valor a las experiencias y percepciones de las personas, entrando en un campo al que no se puede acceder desde otros métodos de investigación centrados en la objetividad. El diálogo con los stakeholders, al que nos hemos referido en el párrafo anterior, supone la concreción de la aplicación de esta perspectiva, toda vez que permite incorporar su percepción de valor y no lo que desde la organización se cree que se aporta como valor.

Finalmente, la lógica difusa supone contar con información inexacta, ambigua, tal como se genera en la realidad cuando las personas se enfrentan a situaciones que no son todo o nada y necesitan tomar una decisión, que se ubica en un espacio incierto. A través de la lógica difusa se crean aproximaciones matemáticas para representar esta decisión. La lógica difusa está presente en el proceso de valoración de las diferentes fuentes de generación de valor identificadas por los stakeholders, y permite pasar de la descripción cualitativa de la variable al cálculo del valor generado, expresado en unidades monetarias.

Sistemas de generación de valor en el modelo poliédrico

La perspectiva integral del modelo

La contabilidad social expresada en unidades monetarias es integral, en la medida en que, como ya hemos mencionado, incorpora el valor generado a través de transacciones de mercado, en las que media un precio; de no mercado, en las que no media un precio; e incluso puede incorporar el valor emocional que generan las organizaciones en sus relaciones con los stakeholders. Estos tres sistemas de valor configuran la estructura básica de la contabilidad social y cada uno de ellos requiere modos de cálculo diferentes, unidos por el lenguaje común de las unidades monetarias. A su vez, en cada uno de ellos pueden distinguirse diferentes subsistemas y tipologías de valor diferenciados por su lógica de generación o por los stakeholders para los que este valor se distribuye, en cuyo desarrollo se manifiesta tanto el carácter integral del modelo como su relación con la teoría de stakeholder.

Uno de los resultados de la aplicación del modelo es el cálculo del valor social integrado, que resulta de la integración del valor social de mercado y el valor social de no mercado. Una vez que el modelo está implantado y se interioriza en la organización, contribuye a generar un lenguaje común en la empresa y todo ello hace posible que se mantenga en el tiempo. Este es un aspecto importante para la gestión estratégica, ya que, por un lado, la continuidad y la sistematicidad en el uso es un requerimiento para disponer de información de utilidad de la que puedan extraerse aprendizajes. Y por otro lado, la generación de un lenguaje común en la empresa facilita la implicación de las personas en el desarrollo efectivo de la estrategia.

Valor social de mercado

El primero de los sistemas es el del valor social de mercado, que refleja lo que las empresas generan a través de la actividad económica o mercantil. La contabilidad centrada en la creación de valor –*value creation accounting*–, supone un cambio de óptica sobre los estados financieros, pues reconsidera los gastos para la empresa como ingresos para sus stakeholders, lo que puede suponer un cambio en la toma de decisiones. Esta óptica es coincidente con la de la comprensión del valor social de mercado en el modelo poliédrico de la contabilidad social.

En su aplicación práctica el valor social de mercado se subdivide en tres subsistemas: el directo, que se corresponde con el valor añadido generado en la actividad mercantil; el indirecto, generado a través de las compras a proveedores de explotación o de inversión; y el directamente generado a los clientes.

El cálculo del valor social de mercado directo está basado en la información contable trasladada al estado de valor añadido como instrumento que permite medir la capacidad de generación de riqueza de una organización y su distribución entre los agentes económicos, posibilitando de esta manera disponer de un acercamiento a la distribución de valor entre algunos de los stakeholders de la organización. En la fase empírica de nuestra investigación profundizamos en las aportaciones y las limitaciones del estado de valor añadido como instrumento para la medición no solo del desempeño económico sino también del desempeño social. Así, comprobamos el creciente interés que genera el estado de valor añadido como estado financiero, tal como señala la Comisión de Estudio sobre el estado de valor añadido de la Asociación Española de Contabilidad y Administración de Empresas (AECA), interés que cabe atribuir, entre otras razones, al «realce de la dimensión social de la empresa, que es la causa de los esfuerzos de añadir información adicional a la tradicional». Podemos concluir que el análisis del estado de valor añadido permite disponer de una primera aproximación a la distribución del valor entre diferentes agentes que participan en la actividad de producción de una empresa, confirmando que puede ser un estado financiero útil para la divulgación de información social. El modelo poliédrico incluso plantea posibles ampliaciones de la información del estado de valor añadido que permiten un análisis más preciso de la distribución de valor en las transacciones monetarias de una organización.

El segundo subsistema es el del valor social de mercado indirecto, que refleja la relación de una organización con la cadena de proveedores en el sistema de valor o mercado en el que actúa. En este sentido, la relación con los proveedores se ha analizado desde la dirección estratégica como fuente potencial para la generación de una ventaja competitiva interna. El enfoque al utilizar la contabilidad social no se limita a este efecto, sino que se busca identificar y gestionar la contribución de la empresa al valor agregado generado por sus proveedores y, de la misma manera que en el caso del valor social de mercado directo, la distribución que de tal valor hacen entre sus stakeholders.

Finalmente, el valor social generado a clientes es el subsistema en el que se recoge el valor generado a través de la entrega de bienes y servicios mediando un precio. La figura 8 recoge el marco conceptual y los

---

FIGURA 8

Marco conceptual del valor social de mercado

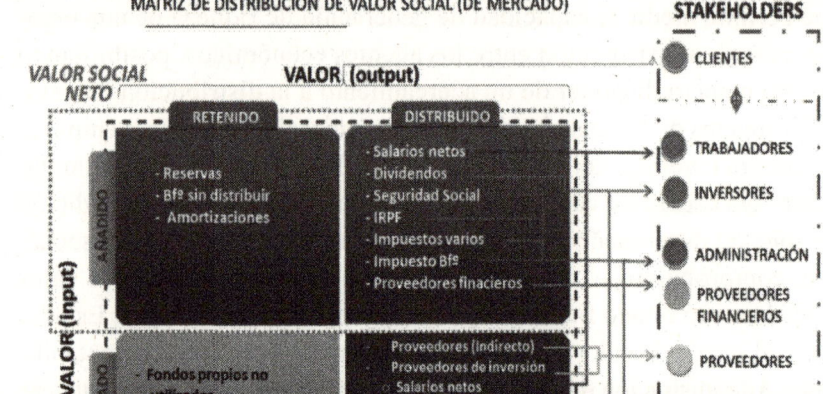

FUENTE: Elaboración propia.

diferentes subsistemas y conceptos a través de los cuales se calcula el valor social de mercado en la contabilidad social.

Las técnicas de análisis de información integrada del desempeño, sin embargo, incorporan tanto información financiera como no financiera, complementándose de este modo el análisis y gestión del valor social generado y distribuido por una organización. Así, el modelo propone asimismo un sistema de valor social de no mercado, basado en información no financiera, que es cuantificada y valorada en unidades monetarias a fin de presentar una perspectiva integrada de análisis del valor generado, y que es el objeto del siguiente apartado.

Valor social de no mercado

El valor social de no mercado recoge transferencias de valor reconocidas por los stakeholders, en las que no media un precio. Los aspectos a través de los cuales una empresa genera valor social de no mercado se identifican por medio de un diálogo con los stakeholders, subrayando así que su gestión debe contemplar la construcción de un sistema de contabilidad y reporte adecuado. En esta línea, Edward Freeman ve en el modelo poliédrico, basado en la teoría de stakeholder, la posibilidad de superar la dificultad de aplicar en la práctica un modelo contable ampliado.

En el diálogo que se establece se configura un conjunto de aspectos, denominados variables de valor, específico para cada organización y que puede recoger conceptos diversos relacionados con la actividad que una organización desarrolla. La distinción entre las variables de valor alineadas con el propósito de la organización y aquellas consideradas como una externalidad positiva, también llamadas de impacto colateral, permite un interesante primer análisis sobre la naturaleza y la distribución del valor social de no mercado.

En diversos estudios de aplicación práctica se explica con detalle la metodología seguida para calcular el valor social de no mercado. Con adaptaciones a la realidad de cada una de las organizaciones analizadas, el proceso de investigación-acción se concreta en una secuencia de pasos comunes a todos los casos: la identificación de un mapa de stakeholders, el establecimiento de un proceso de diálogo con quienes los representan, la identificación de las variables de valor y; finalmente, su cálculo, tal como se presenta en la figura 9. En este último paso, el proceso está

FIGURA 9

Esquema básico para el cálculo del valor social de no mercado

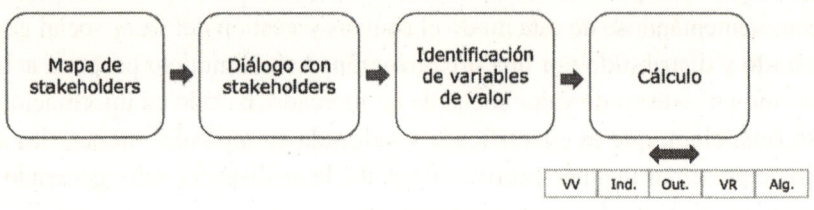

FUENTE: Elaboración propia.

basado en principios de valor razonable. La trazabilidad del proceso requiere en primer lugar una orientación rigurosa de las variables de valor a indicadores, a los cuales se asocian unas unidades cuya cuantificación en el período de referencia –outputs– puede aportar la empresa, normalmente a partir de información de su sistema de gestión. Para cada unidad se estima un valor aproximado siguiendo principios de valor razonable. El valor razonable de cada unidad, puesto en relación con el número de unidades a través de un algoritmo, permite llegar al valor generado por la organización en relación con cada una de las variables de valor.

Valor emocional

El tercero de los sistemas de valor es el del valor emocional. Su cálculo no es necesario para la obtención del valor social integrado ni lo es, por lo tanto, para la aplicación de la contabilidad social en la gestión estratégica. No obstante, consideramos importante subrayar el potencial de la integración del valor emocional en el modelo como una línea de investigación abierta, que ya se ha concretado en la práctica en varios casos de éxito de organizaciones que han integrado el valor emocional en su contabilidad social.

Desde ámbitos como la administración de empresas, el marketing o la psicología, estudios recientes proponen diferentes aproximaciones a la medición del valor emocional, utilizando para ello técnicas de investigación de mercados y aplicando métodos de distribución de encuestas o seguimiento del comportamiento en redes sociales. Los procesos para determinar componentes de valor emocional requieren la participación de los stakeholders de la organización, tal como ya se ha hecho en las primeras experiencias prácticas de cálculo del valor emocional, a las que hemos hecho referencia unas líneas más arriba.

Al integrar el valor emocional en el modelo poliédrico de la contabilidad social, se parte del concepto de valor y de la distinción entre valor de cambio, materializado en el precio pagado por el consumidor, y valor de uso, subjetivo, basado en la percepción del consumidor. Se identifica en el consumidor un excedente por el que estaría dispuesto a pagar sobre el precio realmente pagado (figura 10), lo cual permite concluir que esta percepción de valor en la relación entre la organización y el consumidor sería trasladable a todos los stakeholders, en la medida en que, al igual que en el caso del consumidor, la organización y cada stakeholder interactúan en una relación de oferta y demanda.

FIGURA 10

Marco teórico para el cálculo del valor emocional

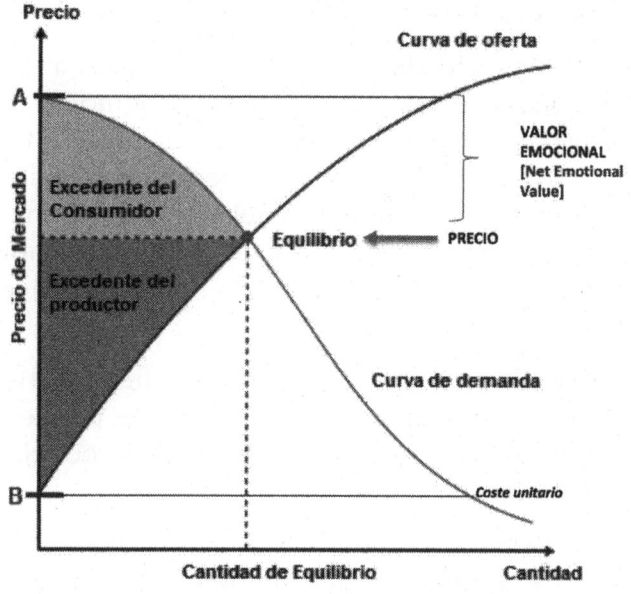

FUENTE: Retolaza y San-Jose (2022).

El modo de cálculo del valor emocional es diferente al de los sistemas de valor de mercado y de no mercado. Teniendo en cuenta que requiere conocer la percepción subjetiva de los stakeholders sobre el valor que se les genera, requiere el uso de técnicas de investigación de mercados o evaluación de calidad, y se aplica como un factor corrector sobre el cálculo del valor social, dentro de un rango que delimita el alcance del incremento o la reducción de dicho valor.

Resumen. A tener en cuenta...

1. El modelo poliédrico de la contabilidad social ha demostrado en cientos de aplicaciones prácticas su viabilidad como sistema de información para la gestión del valor social.

2. El modelo proporciona una visión integrada del valor social, generado a través de diferentes sistemas de valor: el de mercado, el de no mercado y el emocional. En la mayor parte de las aplicaciones prácticas se han considerado los dos primeros.

3. En el valor social de mercado se distinguen a su vez tres subsistemas de valor: i) el directo, generado a través de la actividad económica de la organización, ii) el traccionado a través de la compra a proveedores, y iii) el valor generado a clientes. Para el cálculo del valor generado en los tres subsistemas se utiliza información contable y otra información complementaria de naturaleza igualmente económica.

4. El valor social de no mercado identifica transferencias de valor reconocidas por los stakeholders, pero en las que no media un precio, por lo que no están recogidas en la contabilidad financiera.

5. El sistema de cálculo del valor social de no mercado parte del diálogo con los stakeholders para la identificación de los principales aspectos a través de los cuales la empresa genera valor. La aplicación del principio de valor

razonable permite la cuantificación en unidades monetarias de los indicadores previamente cuantificados en otras unidades.

6. La implantación de la contabilidad social en un primer ejercicio de aplicación normalmente requerirá que una organización invierta en el conocimiento del modelo, el diálogo con stakeholders y el diseño del sistema. Con un buen diseño, en posteriores ejercicios, el cálculo será más sencillo y la organización podrá implementar una aproximación sistemática a la gestión del valor social.

SECCIÓN 2

Presentación y desarrollo del Stakeholder Value Strategizar (SVS)

4

UN MODELO PARA LA INTEGRACIÓN DEL VALOR SOCIAL EN LA ESTRATEGIA – STAKEHOLDER VALUE STRATEGIZER (SVS)

Presentación. Definición y tipología

Hemos llamado al modelo a través del cual se propone la integración del valor social en la gestión estratégica de la organización Stakeholder Value Strategizer (SVS), en línea con el concepto de valor social presentado en apartados anteriores, por el cual se entiende como tal el conjunto de utilidades generadas a los grupos de interés de la organización, lo que se alinea asimismo con la teoría de stakeholder. La denominación del modelo SVS pretende trasladar asimismo la concepción dinámica e integral del proceso de gestión estratégica, que consideramos necesaria para las organizaciones actuales, a las que se demanda de forma creciente que aporten un valor social que supere una visión cortoplacista de beneficio inmediato para los accionistas. Algunos factores recientes, de muy diversa naturaleza, han incidido en un reforzamiento de esta percepción. Entre ellos destaca la continuidad del despliegue de la Agenda 2030, las reuniones anuales de Davos, la declaración de la pandemia de la COVID-19 y la sucesión de acontecimientos posteriores, los conflictos bélicos en diferentes partes del mundo, las resoluciones de diversas instituciones internacionales a favor de una economía social o la emergencia de diferentes modelos de contabilidad social.

La contabilidad social ha sido objeto de estudio durante varias décadas, pero las experiencias de aplicación han sido dispersas, en muchos casos centradas únicamente en hechos socioeconómicos que tuviesen un impacto financiero, y en otros casos utilizando sistemas basados en el uso de indicadores diversos en alcance y unidades de referencia. Como se ha señalado en el capítulo anterior, el modelo poliédrico de la contabilidad social, cuya aplicabilidad se ha demostrado en la práctica, aporta una perspectiva integral, trasladando a unidades monetarias el valor social y permitiendo una comprensión global de la aportación de valor y de su distribución entre los diferentes stakeholders. Solucionados los problemas de unificación de medida y universalidad en su utilización, quedaba por resolver su aplicabilidad en el diseño estratégico, a través de un modelo de utilidad.

En este contexto, el SVS, basado en las conclusiones de la investigación que hemos desarrollado a lo largo de los últimos años, es en primer lugar una contribución teórica, al reflejar un modelo que integra los resultados de la contabilidad social expresada en términos monetarios en la gestión estratégica, y que hasta la fecha no ha sido utilizado como modelo de referencia.

No obstante, la motivación que ha guiado este trabajo de investigación era que el modelo resultante tuviese una aplicación práctica. El análisis empírico realizado ha permitido identificar factores críticos de éxito y retos entre empresas que empiezan a aplicar la contabilidad social en la estrategia como fuente de información para tomar decisiones sobre el valor social integrado que generan. Lo hacen de forma intuitiva, sin un modelo de referencia, que no existe todavía, pero contando con un elemento común, que es la utilización de información de la contabilidad social siguiendo el modelo poliédrico. El diseño del SVS pretende posibilitar un camino estructurado, no limitado a las prácticas intuitivas hasta ahora existentes, para la reflexión estratégica sobre el valor social, así como para la posterior implantación y el seguimiento de las decisiones tomadas por las empresas en este ámbito.

Un modelo de gestión dota a las organizaciones de un proceso estructurado, con principios, criterios y herramientas, basados en información contable, pilar fundamental para la toma de decisiones en la empresa. También se ha concebido un modelo como un conjunto estructurado y coherente de conceptos relativos a la gestión que puede permitir incluso la identificación de la identidad de la empresa.

En el contexto de esta propuesta, definimos el SVS como un modelo protocolar, que guía a las organizaciones en el proceso de gestión estratégica, asegurando el cumplimiento de su propósito social a través de criterios, procedimientos y herramientas de análisis, formulación, implantación, seguimiento y comunicación de la estrategia.

Los modelos pueden clasificarse en función de diferentes variables, tal como reflejamos en la tabla 7 a partir del análisis taxonómico de María Lourdes Eguren y José María Castán.

De acuerdo con estos criterios, el SVS es un modelo de gestión estratégica, basado en análisis cualitativo y cuantitativo, que utiliza métricas cuantitativas y con foco externo e interno. El SVS, por lo tanto, se caracteriza a través de cuatro rasgos básicos:

● En su conjunto es un modelo estratégico, centrado en el proceso de gestión estratégica como procedimiento nuclear de la organización, con la teoría de stakeholder como fundamentación teórica, y aportando una visión basada en enfoques integradores de las principales escuelas de pensamiento estratégico. El modelo contiene también elementos de modelos financieros, al incorporar la contabilidad social como un sistema de medición de desempeño que integra las perspectivas económica y social, y lo hace teniendo en cuenta criterios de contabilidad financiera, la cual complementa.

● La metodología de análisis estratégico es cuantitativa y cualitativa. Una aportación novedosa del SVS es la gestión del valor social apoyada en información cuantitativa proveniente de la contabili-

TABLA 7

Variables de clasificación de modelos de gestión

Por tipología	Por metodología	Por el uso de métricas	Por el foco
De organización.	Cuantitativa .	No uso de métricas.	Externo.
De procesos.	Cualitativa.	Métricas cuantitativas.	Interno.
Estratégicos.		Métricas cualitativas.	Externo/Interno.
Financieros.			
Marketing estratégico.			
Operativos.			

FUENTE: Elaboración propia a partir de Eguren y Castán (2016).

dad social. No obstante, el SVS incorpora también técnicas de análisis cualitativo que contribuyen a una correcta formulación, implantación y seguimiento de la estrategia, en línea con una gestión dinámica de stakeholders y con los principios del modelo poliédrico de la contabilidad social. Recordemos que su implantación inicial en una organización parte de un análisis de tipo cualitativo de los aspectos a través de los cuales la organización genera valor para sus stakeholders. Estos aspectos cualitativos se concretan en el sistema de contabilidad social en *variables de valor*.

- Utiliza métricas cuantitativas, que además están expresadas en unidades monetarias, lo que posibilita una evaluación integrada de los resultados obtenidos por una organización, y permite asimismo la utilización de ratios de distribución, eficiencia y equilibrio en la generación de valor entre los diferentes sistemas (valor social de mercado y valor social de no mercado) y los diferentes stakeholders de la organización.

- El foco de análisis es externo/interno y responde a un enfoque ecléctico hacia la estrategia y a la identificación de la teoría de stakeholder y la gestión estratégica orientada a stakeholders, que reflejan también una visión integradora, como fundamentos que inspiran el modelo de forma transversal. Así, estos fundamentos se reflejan en todos sus componentes, en la metodología de implantación y en los principios para su aplicación. Este doble foco se manifiesta en la consideración del contexto interno y externo de la organización, así como de la percepción del valor generado por parte de stakeholders externos e internos.

Diseño básico del modelo

Una de las fuentes fundamentales para el diseño del modelo ha sido la investigación de diversos casos de estudio en empresas con niveles de gestión avanzados y con una trayectoria significativa de uso de la contabilidad social. Se constató que ninguna de las organizaciones ha contado con un modelo de referencia que les facilitara el tránsito de la información generada en la contabilidad social al momento de la planificación estratégica ni de su implantación o seguimiento. A partir de esta constatación, se identificaron factores críticos de éxito que, basados en las experiencias reales de aplicación, deberían incorporarse al modelo de referencia. Además, se identificaron retos a futuro para seguir avanzando en la mejora de la efectividad de la gestión del valor social. Estos retos también constituyen inputs a incorporar al modelo que pueda ayudar a las empresas y organizaciones de todo tipo a abordar el proceso de gestión estratégica con una perspectiva integral.

Del análisis de los casos y de su confrontación con prácticas avanzadas de gestión, en especial con lo referido a la contabilidad social, el diseño estratégico y los sistemas de gestión, emerge como conclusión de carácter holístico la necesidad de desarrollar un modelo protocolar (figura 11) que conecte de forma triangular la información y decisiones relativas a lo social y lo económico desde una perspectiva estratégica, incorporando al modelo pares de elementos culturales, directivos y téc-

---

FIGURA 11

Diseño básico del modelo protocolar para la integración del valor social en la gestión estratégica de las organizaciones

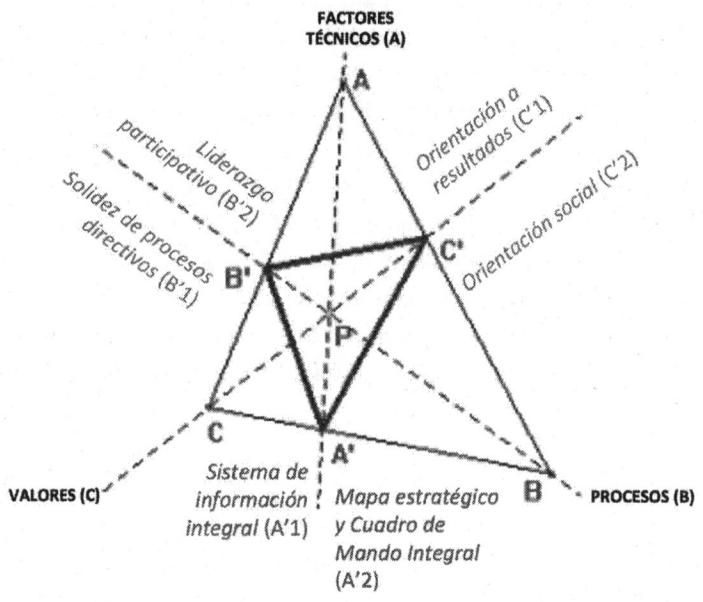

FUENTE: Elaboración propia.

nicos. Los aspectos que la investigación nos ha mostrado como fundamentales para dicho modelo se concretan a partir de estos elementos en seis vectores que configuran el modelo protocolar.

- En un primer grupo de elementos críticos identificados, nos encontramos con los de carácter cultural, también relacionados con valores (C), que se concretan en: (C'1) *Orientación a Resultados*, referido a la forma de gestión de la entidad; y (C'2) *Orientación Social*, referido a la importancia que tiene el desempeño social para la organización. Se trata de un vector de especial interés por cuanto facilita superar una aproximación instrumental de la información en aras, únicamente, de la comunicación.

- Entre los factores relacionados con los procesos (B), en el análisis de casos se identifica como primera variable crítica la (B'1) *Solidez de los procesos directivos*, que identifica la necesidad de implicar a la dirección general y al equipo directivo en todo el ciclo de gestión estratégica del valor social. Para ello, la comprensión del sistema de información es especialmente relevante, ya que normalmente los equipos directivos están habituados a la utilización de información financiera para la toma de decisiones y a través de una información social expresada en unidades monetarias se aporta una perspectiva diferente. Por ello, se apunta la necesidad de incorporar un componente formativo en el modelo, a fin de generar un lenguaje común y una visión compartida del significado y el alcance del concepto de *valor social* en la organización. Y surge un segundo vector (B'2) *Liderazgo participativo*, también manifestado como un elemento crítico para el despliegue de la estrategia en la empresa, a través de fórmulas de participación, socialización y trabajo en equipo, que generan sentido de pertenencia y alineamiento con la estrategia, lo que facilita su posterior implantación y seguimiento.

- Aparece además el punto de vista técnico (A). Tanto en la fase de diseño estratégico como en las de implantación y seguimiento surge como un vector del modelo el uso de un (A'1) *Sistema de información integral*, homogéneo y compartido, que integre las perspectivas social y financiera, que aporte rigor, sea fiable y robusto, utilizado de forma sistemática y que permita la comparabilidad en el tiempo y con otras organizaciones. Desde esta perspectiva, la contabilidad social expresada en unidades monetarias e incorporada de forma sistemática a la gestión, puede proporcionar la información necesaria para que la gestión del valor social durante todo el ciclo de la estrategia, desde su formulación a la implantación, sea coherente. En segundo lugar, en la perspectiva técnica, aparecen (A'2) el mapa estratégico y el Balanced Score Card (BSC), que permiten incorporar al modelo la posibilidad de definir objetivos sociales de rango estratégico en términos análogos a los financieros, integrables y desplegables en acciones, lo que puede contribuir a cubrir el gap entre el propósito y los resultados.

5
DESARROLLO DEL MODELO. STAKEHOLDER VALUE STRATEGIZER (SVS)

Factores culturales

Orientación social. El propósito de la empresa

Orientación social y propósito

Los conceptos de *propósito, misión, visión, orientación estratégica* o *principio estratégico* no son nuevos y han sido ampliamente debatidos en la literatura de gestión. Se concretan en declaraciones que se elaboran o revisan en los procesos de reflexión estratégica y, en la práctica, se han utilizado de forma dispar, estableciendo en algunos casos claras diferencias entre cada uno de ellos, fusionándolos en otros o utilizándolos indistintamente.

Actualmente se ha retomado con fuerza el concepto de *propósito*, en relación con la necesidad de las empresas de mejorar su desempeño e intentar contribuir a resolver algunos de los problemas sociales y medioambientales que afectan a la sociedad actual o en relación con lo que dos referentes internacionales en el ámbito de la gestión como Gary Hamel y CK Prahalad denominaban como *intención estratégica*, «el objetivo que merece un esfuerzo y un compromiso».

The British Academy concluye que el propósito de las empresas es «resolver los problemas de las personas y del planeta de forma rentable, y no obtener rentabilidades por causar problemas». A partir de esta definición, se fija un marco de referencia para las empresas del siglo XXI, integrado por el propósito, el compromiso con la confiabilidad de la empresa y el desarrollo paralelo de la cultura de empresa y la ética. En el siglo XXI y, muy especialmente en la segunda década, tras lo que supuso la pandemia de la COVID-19, el propósito se ha convertido en uno de los elementos clave de gestión en las empresas, que paulatinamente ha ido complementando o sustituyendo declaraciones ya asentadas como la Misión.

El propósito se debería diferenciar de la Misión –centrada en lo que la organización pretende hacer–; la Visión –hasta dónde aspira a llegar–; y los Valores, principios que sustentan el gobierno de la organización. Con todo, no es objeto de la presentación de esta propuesta abrir una nueva línea de debate conceptual que ayude a diferenciar el alcance de declaraciones como el propósito, la intención estratégica, la misión o la visión, sino poner de manifiesto la actual relevancia de cualquiera de ellas en una empresa, como elemento estable y motivador, en la medida en que manifieste el alcance de la orientación social como parte de la esencia y la intención estratégica de la organización. Como ya hemos apuntado unas líneas más arriba, en los últimos años se observa el importante esfuerzo acometido por un número creciente de empresas por redefinir su propósito y, en muchos casos, alinearlo con un marco de referencia común. Por un lado, este esfuerzo se ha realizado porque se ha relacionado con el desarrollo de aspectos de negocio. Así, la inversión en intangibles (entre ellos, variables sociales como el capital humano y la relación con agentes del entorno) ha demostrado tener una correlación positiva con la productividad y el crecimiento. Pero, por otro lado, porque la sostenibilidad ha irrumpido con fuerza en las empresas y hoy en día se percibe una mayor necesidad de comunicar desde sus declaraciones básicas los compromisos de carácter social y ambiental junto con aspectos relacionados con la competitividad de la actividad empresarial. La orientación social, por lo tanto, no se entiende como un sinónimo de la función social propia de la empresa social, sino como un aspecto inherente a cualquier empresa que en el desarrollo de su actividad plantea un propósito que trasciende los objetivos de negocio.

El propósito ha sido identificado en muchos casos como un elemento para la comunicación, una concepción que consideramos que debe superarse, no por negar la importancia que tiene la comunicación en la gestión de la estrategia sino por hacer de la comunicación el elemento tractor en la formulación de un propósito. Llevada a un extremo, además, esta vinculación con la comunicación automáticamente se relaciona con prácticas de comunicación poco transparentes y engañosas. No es este un punto, en todo caso, en el que nos vayamos a detener.

El propósito, por lo tanto, se ha convertido en un elemento de gestión relevante y no existe una forma única para formularlo e implantarlo. En esta línea de relación entre la comunicación y la acción, diversos autores proponen desarrollar una frase corta y clara que ayuda a identificar en el propósito la esencia de la estrategia y el fin último para el que la organización desarrolla su actividad, en un trabajo participativo en el que se va puliendo una propuesta inicial hasta llegar a la declaración final. En el proceso, se responderán diversas preguntas clave, que apuntamos ahora y ampliaremos más adelante:

- ¿El propósito captura la esencia del valor social único de la empresa?
- ¿Resulta comprensible para stakeholders internos y externos?
- ¿Resulta creíble y auténtico?
- ¿Se ha planteado de forma clara, concisa y se puede recordar fácilmente?
- ¿Tiene capacidad para orientar a la acción?
- En la fase de implantación de la estrategia, ¿se comunica de forma simple y reiterada a todos los stakeholders?

Ejemplo: Definición del propósito en un grupo industrial

Consideremos un grupo industrial dedicado a la fabricación de componentes de automoción con plantas en América, Asia y Europa. Con un proceso de gestión estratégica estructurado en torno a períodos plurianuales desde los años noventa, su equipo directivo mostró una especial sensibilidad hacia la necesidad de formular un propósito en un proceso de reflexión estratégica, que se mantuvo vivo en período de pandemia de la COVID-19. Hasta entonces, las bases estratégicas del grupo se habían trasladado a dos declaraciones básicas de misión y visión, con énfasis en los aspectos de mercado; y a los valores, sobre los que existía un plan de desarrollo ambicioso.

La definición de un propósito en una empresa global suponía todo un reto. Trasladar a los stakeholders lo que ello significaba, acordar una declaración de propósito e implantarlo en un proceso participativo en plena pandemia no era tarea fácil, pero el convencimiento de sus líderes fue un elemento clave para llevarla a cabo. Operativamente, el proceso contó con diferentes mecanismos de participación:

- Encuestas a stakeholders internos, dando la oportunidad de que todas las personas de la organización en cualquiera de sus ubicaciones en el mundo pudiesen expresar las ideas fuerza que consideraban debían reflejar el propósito del grupo. Se consiguió así una participación de cuatrocientas cincuenta y tres personas.
- Diálogo con stakeholders externos (representantes de clientes, proveedores, ecosistemas regionales de innovación, instituciones).
- Grupo de trabajo compuesto por cincuenta y ocho personas para la identificación de la esencia del propósito y el diseño de seis borradores de declaración.
- Equipos de dirección y de gobierno actuando como grupos de contraste de los borradores y de decisión sobre la formulación final.

El propósito de este grupo industrial quedó formulado de la siguiente manera: Nuestro propósito es «contribuir en equipo a un mundo mejor aportando soluciones de movilidad globales, innovadoras y sostenibles».

Para conseguir una implantación real del propósito en las rutinas de una organización, un grupo de investigación de la Universidad de Navarra liderado por el profesor Álvaro Lleó, plantea el Purpose Strength Model como un modelo de gestión centrado en el propósito, que ha sido testado empíricamente en diferentes organizaciones. El modelo, cuya puesta en marcha está dirigida a la obtención de resultados en los ámbitos individual y colectivo, parte de diagnosticar el estado de situación en la empresa de diversos componentes y rasgos organizativos, identificados como palancas y elementos facilitadores. La definición de una estrategia centrada en el propósito es la primera de esas palancas.

Pautas para tangibilizar la orientación social a través de la formulación, implantación y seguimiento del propósito

Lo anterior tiene implicaciones importantes para la construcción del SVS y el diseño del proceso que lleve a su implantación. Por un lado, la necesidad de formular un propósito que sitúe la empresa en el centro de las relaciones con sus stakeholders y con la sociedad. Un proceso iterativo como el apuntado más arriba puede tomarse como referencia para la formulación del propósito, lo que supondría tener en cuenta algunas preguntas clave en la generación y el contraste de propuestas hasta llegar a la declaración final, tal como se presenta más adelante en la tabla 9.

Una segunda reflexión es que el enunciado del propósito es importante, pero dista de ser suficiente para una gestión estratégica integral. La orientación social de una organización se manifiesta no solo a través de la formulación sino a través del despliegue del propósito a lo largo de todo el proceso estratégico. Esto incide en la comunicación como herramienta generadora de compromiso, tanto con los stakeholders internos como con los externos de la organización, y el cuestionamiento continuo sobre si el alcance de tal comunicación es suficiente. Por otro lado, implantar no solo es comunicar. El despliegue se basa en la generación de planes en un período más corto que el estratégico (normalmente, un ejercicio), en el que se plantean los objetivos y los planes de acción para dicho período. Con el paso del tiempo las empresas corren el riesgo de olvidar los planteamientos estratégicos, especialmente cuando la estrategia está mal diseñada y estructurada o no se ha comprendido de forma adecuada. En estos casos, la orientación social puede abandonarse, de ahí que se plantee la conveniencia de mantener un análisis de coherencia entre el conjunto de planes de acción anuales y el propósito.

La contabilidad social como sistema de información emerge como un input que facilita el seguimiento de acciones que puedan incidir en el propósito. En el diálogo con stakeholders se habrán identificado las variables de valor, que son aquellos aspectos a través de los cuales la organización genera un valor a los stakeholders, y que en algunos casos estarán directamente relacionadas con el propósito y en otros serán la manifestación de un valor auxiliar o complementario. El seguimiento del valor generado en cada ejercicio y la distribución del valor entre estos dos tipos de variables será un input fundamental para la evaluación de la estrategia implantada.

Ejemplo: Clasificación de las variables de valor en una asociación empresarial y su relación con el propósito

Tras actualizar sus declaraciones básicas, hasta entonces formuladas en torno a un esquema de Misión–Visión–Valores que había permanecido inalterado durante muchos años, una asociación empresarial cooperativa formuló su propósito como «la mejora de la calidad de vida en la región a través de la representación de los intereses del sector y la difusión de los valores del modelo de empresa que representa».

Al implantar la contabilidad social y llevar a cabo el diálogo con los stakeholders se identificaron variables de valor que para un mejor análisis se distribuyeron en dos grupos, en función de su contribución directa al cumplimiento del propósito. Así, esta asociación distingue entre:

- Variables de valor orientadas al propósito:
    - Interlocución con las administraciones públicas.
    - Difusión de la experiencia cooperativa.
    - Promoción de normativa favorecedora de las condiciones laborales en el sector.
    - Intercooperación con agentes socioeconómicos del territorio.
- Variables de valor colaterales:
    - Cesión de espacios.
    - Fomento de actividades de ocio.

En el primer grupo se ve reflejada la actividad nuclear de la asociación, mientras que en el segundo surgen variables que posiblemente respondan al aprovechamiento de oportunidades emergentes (en este caso, el fomento de actividades de ocio), o a la necesidad de hacer un uso eficiente de recursos (espacios que de otra forma estarían infrautilizados). Evidentemente, la generación de un valor complementario no supone ningún problema;

sí lo sería que se abandonase la actividad orientada al propósito o que el valor generado a través de las variables complementarias fuera dominante.

La contabilidad social, a través de la medición del valor generado en unidades monetarias, aporta datos adecuados para el análisis estratégico y la toma de decisiones, lo que no ocurriría con valoraciones basadas en KPI diferentes para cada variable, o con valoraciones cualitativas. De hecho, en el caso de este ejemplo, el seguimiento de los resultados de tres ejercicios permitió fijar unos rangos de referencia en la distribución del valor entre estos dos tipos de variable:

TABLA 8

Análisis de la distribución del valor social de no mercado por categoría de variables de valor

Tipo	Ejercicio 1	Ejercicio 2	Ejercicio 3
VV orientadas al propósito	83,25%	91,18%	89,62%
VV complementarias	16,75%	8,82%	10,38%

FUENTE: Elaboración propia.

A la vista de esta evolución y el análisis subyacente basado en la lógica de funcionamiento de la asociación, su equipo de dirección tomó la decisión de fijar una referencia máxima del valor generado a través de variables complementarias en un 15%. Valores superiores son considerados como una distribución no deseada y no alineada con el propósito, por lo que en el cuadro de mando de la entidad emerge como una alerta, en rojo.

Este análisis de distribución del valor social de no mercado entre estas dos categorías permite, por lo tanto, una primera aproximación al análisis estratégico. Sin duda, puede complementarse con el foco en la aportación de cada variable de valor o la utilización de otras ratios que se explican más adelante, en el apartado de Análisis estratégico de sistemas de valor.

Una consideración adicional en relación con el trabajo desarrollado en torno al propósito es la importancia de la participación de las personas, a fin de generar compromiso e incluso sentido de pertenencia. La formulación del propósito es una actividad que debe contar con la implicación y liderazgo de la dirección ejecutiva y el máximo órgano de gobierno de la organización. Además, por el carácter iterativo del proceso de formulación, es una actividad en la que es recomendable la consulta a las personas que trabajan en la organización, ya sea a través de grupos de trabajo o con cuestionarios. El propósito se ha vinculado también a la realización del trabajo individual de cada persona, y se ha demostrado que hay diferencias estadísticamente significativas entre los niveles de satisfacción, implicación, logro, conexión e interés de las personas que encuentran un propósito en su trabajo frente a aquellas que, aunque lo quisieran, no lo tienen. También se tiende a detectar un gap denominado el *gap de la jerarquía en el propósito* entre la percepción de los primeros niveles de dirección, que afirman con seguridad que viven el propósito en el trabajo, y el resto de personas, que lo dudan o lo niegan. Se pone de relieve, por lo tanto, la importancia de la participación de los stakeholders internos para conocer y compartir el alcance del propósito y para hacer un seguimiento que permita gestionar estos gaps, con el soporte de la contabilidad social como sistema de información.

Finalmente, es recomendable asimismo hacer partícipes en la elaboración del propósito a una selección de stakeholders externos, con los cuales la entrevista personal es el método recomendado ya que los cuestionarios pueden resultar impersonales y, tratándose de personas externas a la organización, convocarlas para un grupo de trabajo tiende a ser complicado.

Cerramos el análisis de este vector con algunas implicaciones y reflexiones para su efectiva puesta en marcha (tabla 9).

Orientación a resultados

Un segundo vector del modelo protocolar sobre el que se desarrolla el SVS es la orientación a resultados, que surge como un valor inculcado en la cultura de la empresa. A partir del análisis de una serie de publicaciones de la OCDE,[1] se identifican los rasgos característicos que se aso-

---

1. Líneas directrices de la OCDE para empresas multinacionales, OECD Publishing. http://dx. doi.org/10.1787/9789264202436-es

TABLA 9

Implicaciones y reflexiones clave para *tangibilizar* la orientación social de la empresa a través de la formulación, la implantación y el seguimiento del propósito

Fases de la gestión estratégica	Implicaciones para *tangibilizar* la orientación social	Reflexiones clave
Formulación	Formular un propósito o revisarlo, en su caso, en un proceso iterativo y participativo: • Liderazgo del equipo directivo y órgano de gobierno. • Participación de las personas de la organización a través de grupos de trabajo o cuestionarios. • Consulta a stakeholders externos. Valorar las implicaciones del propósito formulado sobre cada una de las áreas funcionales de la empresa.	Preguntas clave para la formulación de propuestas: • ¿Por qué existe la empresa? • ¿Cuál es el objetivo último por el que merece la pena la actividad de la empresa en el día a día? • ¿Quiénes son los stakeholders clave de la empresa? • ¿Qué echarían en falta si la empresa no existiese? El proceso iterativo. Preguntas clave en el contraste de propuestas: • ¿El propósito captura la esencia del compromiso de la empresa con la sociedad? • ¿El propósito es fácilmente comprensible para stakeholders internos y externos? • ¿Ayuda a pensar en el establecimiento de límites a la actividad? • ¿Qué significa para cada área funcional de la empresa? ¿A qué se compromete cada área? • ¿Está conectado con los intereses de las personas de la organización?
Implantación	Analizar la coherencia de las acciones definidas en los planes anuales con el propósito. Contemplar el propósito y los logros relativos al propósito como elemento clave de la comunicación interna y externa.	• ¿Los planes de acción del plan anual contribuyen al cumplimiento del propósito? • ¿Se está comunicando el propósito de forma efectiva a los stakeholders internos? • ¿Se ponen en marcha iniciativas facilitadoras para el cumplimiento del propósito? • ¿Se está comunicando el propósito de forma efectiva a los stakeholders externos? • ¿Está alineado el propósito de la empresa con el propósito de las personas?
Seguimiento	Incorporar métricas que vinculen el cálculo del valor social al propósito, a través de las variables de valor de la contabilidad social.	• ¿Qué valor se ha generado en el último ejercicio a través de las variables de valor orientadas al propósito? • ¿Cómo se compara con las metas establecidas?

FUENTE: Elaboración propia.

ciarían a una cultura de orientación a resultados: i) Focalización en los beneficios que las acciones de los gestores generan, más que en los procesos; ii) Conciencia sobre costes, hitos y calidad; iii) Entorno en el que se pueden cuestionar las diferentes vías de acción, basándose en los beneficios que deben suponer y lo que se puede hacer para que sean más efectivas, y iv) Responsabilidad de los gestores por los resultados que la sociedad valora.

En suma, la orientación a resultados supondría dejar atrás una visión de la organización basada en el cumplimiento de los procedimientos, ya que no basta con hacer las cosas bien ni con ceñirse a los procesos, sino que la responsabilidad de los gestores es sobre los resultados que se obtienen o los que no se obtienen. En el marco del reporte de información sobre sostenibilidad, la GRI[2] identifica entre sus principios el de la orientación a resultados, que significa «establecer y cumplir compromisos». En relación con la implementación de la estrategia, la orientación a resultados se ha relacionado con la flexibilidad frente a la rigidez de enfoques orientados a la acción, lo que a su vez puede afectar a la forma en que se comunica la estrategia, que debería estar más centrada en la dirección que toma la empresa y no tanto en los medios para lograrla.

Asimismo, creemos importante considerar a futuro la vinculación entre compensación y resultados relativos al valor social si se consiguiera vincular los sistemas de información sobre objetivos personales, o de equipos a sistemas de información equiparables a los de la información financiera. En todo ello, el concepto de compensación no debe relacionarse exclusivamente con las compensaciones dinerarias sino ampliarse hacia los Total Rewards o hacia una visión integrada de la compensación, en la que existen compensaciones dinerarias (salario) y no dinerarias (por ejemplo, diferentes beneficios sociales), además del denominado salario emocional. Todas ellas juegan un papel importante en la decisión de las personas sobre su vinculación o desvinculación de una empresa. El potencial despliegue de la información de la contabilidad social en el ámbito de los equipos y las personas de la organización surge así como un ámbito de desarrollo futuro que podría llevar a mejoras en la gestión de personas a través de la incorporación de valores de la contabilidad social en sistemas de evaluación del desempeño o de compensación, y a

_____

2. https://www.globalreporting.org/public-policy-partnerships/the-reporting-landscape/

una mayor visibilización en las organizaciones de la generación de valor social a través del trabajo de las personas.

Desde otras perspectivas, el liderazgo orientado a resultados considera que la formación es un proceso crítico que debe ser tratado de forma sistemática. Se ha destacado asimismo la necesidad de un enfoque estratégico para implantar una orientación a resultados efectiva, evitando que esta resulte en una visión a corto plazo. En este contexto, la información para el seguimiento y la evaluación deberá ser adecuada para tomar decisiones futuras y para diseñar la estrategia. Otros factores sobre los que cabe trabajar para implantar la orientación a resultados son la asunción del cambio cultural, el compromiso y el liderazgo de los equipos directivos, la aplicación de metodologías de trabajo ágiles, la implicación de las personas, la formación y los incentivos.

Implicaciones para tangibilizar la orientación a resultados en la empresa

El refuerzo del vínculo entre la orientación a resultados y el proceso de gestión estratégica se puede llevar a cabo de diferentes maneras. En la formulación de la estrategia, la priorización es un criterio clave. La elección estratégica es una de las actividades clave de los equipos directivos y si bien la información de la contabilidad social debe ser completa y no prioriza stakeholders, en la gestión estratégica de stakeholders resulta necesario, para lo cual se han desarrollado diferentes enfoques, basados en un análisis multicriterio, que incluye los de influencia, actitud, poder, interés o legitimidad.

Sugerimos identificar los dos criterios clave para la organización en su relación con los stakeholders y, a partir de su evaluación, definir el nivel de compromiso con cada uno de ellos. En el ejemplo de la figura 12 se identifican los criterios de influencia y dependencia. Esto requiere la valoración de cada uno de los stakeholders de la organización en torno a dos preguntas clave:

- ¿Cuál es el nivel de influencia de nuestra organización sobre el stakeholder X?
- ¿Cuál es el nivel de dependencia de nuestra organización con respecto al stakeholder X?

FIGURA 12

Gestión estratégica de stakeholders. Identificación del nivel de compromiso

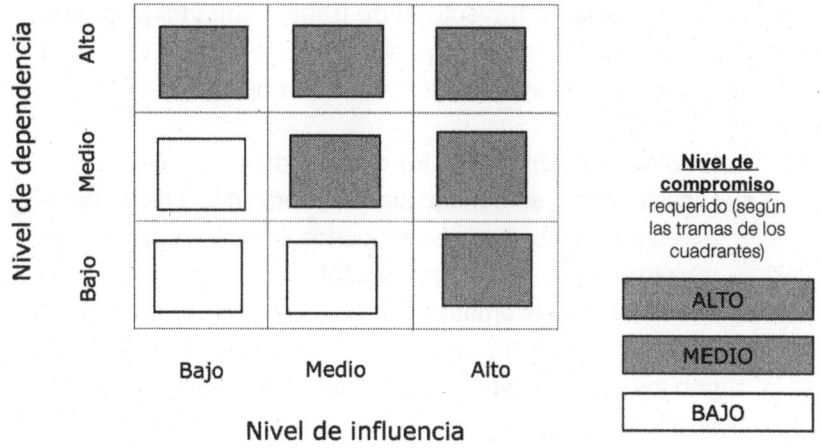

FUENTE: Elaboración propia.

Ejemplo: Priorización de stakeholders como trabajo previo a la reflexión estratégica

La identificación del mapa de stakeholders se reconoce como una actividad importante en los procesos de reflexión estratégica actuales y es una actividad nuclear en el proceso de implantación de la contabilidad social, así como un requerimiento en la implantación de modelos de gestión o en la elaboración de informes de sostenibilidad. La aproximación a la identificación de stakeholders, no obstante, presenta algunas diferencias en función del objetivo perseguido, fundamentalmente por la conveniencia de clasificar y priorizar los stakeholders en los procesos de gestión estratégica. Además, con el paso del tiempo, el mapa de stakeholders es objeto de revisión y, en su caso, actualización, a medida que la organización modifica las pautas de gestión de sus stakeholders, adaptándola a las necesidades derivadas de la evolución del contexto.

Así ocurría en la empresa social que nos sirve ahora de ejemplo, una empresa con actividad de mercado en diversos sectores y con una importante trayectoria de trabajo con stakeholders. Antes de su reflexión estratégica plantearon la necesidad de una revisión del mapa de stakeholders con tres objetivos:

- Clarificar la identidad de los stakeholders.
- Clasificarlos y, en consecuencia, priorizarlos a fin de valorar el nivel de compromiso requerido con cada uno de ellos (objeto e intensidad de la relación).
- Avanzar en la sistematización de su gestión, identificando los métodos de trabajo para el acercamiento y relación con los stakeholders y su integración en el proceso de reflexión estratégica.

Una vez validadas las categorías de stakeholders de la organización se siguió el método de análisis reflejado en la figura 12, valorando el equipo directivo el nivel de influencia y dependencia con respecto a cada una de ellas. Se concluyó que el 33 % de los stakeholders requerían un nivel de compromiso alto, destacando entre ellos las personas beneficiarias de la actividad, los clientes comerciales o la administración pública territorial.

Finalmente, en función del nivel de compromiso requerido, se sistematizó la gestión de cada uno de los grupos de interés, definiendo los mecanismos de relación, las personas implicadas, la utilidad y la frecuencia.

La priorización de stakeholders se tuvo en cuenta asimismo posteriormente, al fijar el alcance de la estrategia, tanto en la definición de objetivos y actuaciones como en la asignación de recursos, que deberían ser coherentes con esta priorización.

A partir de ahí, cada stakeholder se ubica en un cuadrante, que permite valorar el nivel de compromiso requerido.

En la formulación estratégica resulta importante asimismo establecer objetivos de resultados sociales, claros, comparables, a un nivel similar al de los objetivos financieros. Este fue uno de los factores críticos de éxito identificados en el estudio de casos que hemos desarrollado durante los últimos años, subrayando la importancia de la disponibilidad de cifras de referencia, que permitan formular objetivos, asociarles indicadores de la contabilidad social y fijar metas.

En la implantación, además del despliegue de objetivos en planes anuales, se subraya la responsabilidad de mantener vivos dichos objetivos en el día a día, de tal forma que los equipos y las personas de la organización los hagan suyos. Asimismo, se percibe un componente formativo importante, relacionado con la extensión de la cultura de empresa y con el conocimiento de los sistemas utilizados.

Finalmente, la efectividad en la fase de seguimiento y evaluación se sustenta en el rigor en el seguimiento de objetivos. La contabilidad social no solo permite disponer de ellos sino valorar en todo momento lo que su cumplimiento o la falta de cumplimiento suponen en relación con la estrategia general de la empresa, e identificar riesgos a partir de posibles desequilibrios. Finalmente, los resultados deben ser comunicados, estableciendo con claridad la relación con los objetivos estratégicos del período y, por ende, con el propósito de la empresa.

Las diferentes implicaciones y reflexiones clave en cada una de las fases de los procesos de gestión estratégica a fin de tangibilizar la orientación a resultados se sintetizan en la tabla 10.

Procesos

Liderazgo participativo

La necesidad de un liderazgo fuerte y participativo ha sido puesta de manifiesto como un factor crítico de éxito en el estudio de los diferentes casos tratados en nuestra investigación. En caso contrario, la falta de implicación de la dirección al máximo nivel en la gestión del valor social es la causa potencialmente mayor del fracaso en su gestión ya que no

TABLA 10

Implicaciones y reflexiones clave para *tangibilizar* la orientación a resultados en la formulación, implantación y seguimiento de la estrategia social

Fases de la gestión estratégica	Implicaciones para *tangibilizar* la orientación a resultados	Reflexiones clave
Formulación	Identificar las prioridades: stakeholders, objetivos y planes de acción. Formular objetivos sociales al mismo nivel que otros objetivos de la empresa. Asociar indicadores y metas a los objetivos.	• ¿Quiénes son los stakeholders prioritarios? • ¿Cuáles son los objetivos en relación con el valor que se genera y distribuye a los stakeholders? • ¿Cómo se van a medir dichos objetivos? • ¿Cuáles son los planes de acción a desarrollar para cumplir los objetivos?
Implantación	Enfocar la actuación hacia el cumplimiento de los objetivos anuales y las metas establecidas.	• ¿Es coherente el diseño de actuaciones para alcanzar los objetivos de generación de valor social? • ¿La implantación de los planes de acción está alineada con las variables de valor identificadas en la matriz de valor social de no mercado? • ¿Se corrigen las acciones si no se está llegando a las metas marcadas?
Seguimiento	Seguimiento riguroso de objetivos, basados en la contabilidad social. Evaluación de planes de acción en relación con el cumplimiento de los objetivos. Comunicar los resultados, estableciendo su relación con los objetivos estratégicos y el propósito de la empresa.	• ¿Se dispone de la información adecuada para el seguimiento de objetivos de generación y distribución de valor social? • ¿Se está distribuyendo de forma adecuada el valor social generado a cada stakeholder? • ¿Se evalúa la contribución de los planes de acción al cumplimiento de los objetivos? • ¿Se comunican los resultados, asociándolos al propósito de la empresa?

Fuente: Elaboración propia.

basta con diseñar o implantar un sistema para hacerlo funcionar, sino que hay que mantener un esfuerzo continuado y visible en los diferentes niveles de la organización. En este sentido, el liderazgo se relaciona con la responsabilidad para el desarrollo de las competencias distintivas de una organización, la anticipación, los propósitos a largo plazo y los altos ideales, que posibilitan la existencia y la persistencia de una concepción coherente del valor.

En el contexto del SVS, consideramos que las perspectivas desde las que cabe contemplar el liderazgo podrían sintetizarse en tres elementos característicos: i) el liderazgo es un proceso que se encuentra en el centro de las relaciones de grupo y actúa como un generador de interacciones positivas; ii) implica una influencia positiva sobre la conducta de otras personas y, por lo tanto, en los resultados que estas personas obtienen dentro de la organización. En esta influencia no media la coerción sino el convencimiento; y iii) supone la consecución de metas colectivas. Estimamos que la selección de estos tres elementos relaciona la gestión de stakeholders con los resultados sociales a través de la motivación y la participación, lo que es comparable con la línea de argumentación que hemos observado en las empresas que apuntan a la voluntad y aspiración de transformación como un elemento de la cultura organizativa necesario para integrar el valor social en la estrategia.

La participación de los stakeholders en la gobernanza de las empresas es un fenómeno que ha ganado relevancia en los últimos años. En términos amplios, el fenómeno es reconocido incluso a nivel legal. Es el caso, por ejemplo, de las empresas de economía social en España o de las Community Interest Companies en el Reino Unido, que exigen la participación de algunos stakeholders en la gestión de las empresas. El fenómeno, no obstante, no está limitado al ámbito de la economía social sino que a través de la gestión estratégica orientada a stakeholders o de la implantación de sistemas y modelos de gestión (ISO, EFQM) se ha ido introduciendo en la empresa en general. La forma más básica de participación es la accesibilidad a la información; y desde la transposición de la Directiva europea 2014/95[3] en los Estados miembro, y más recientemente por la Directiva 2022/2464,[4] se obliga a las empresas que cumplan unas determinadas características a dar información de contenido

---

3. Directiva 2014/95/UE del Parlamento Europeo y del Consejo, de 22 de octubre de 2014, [...] en lo que respecta a la divulgación de información no financiera e información sobre diversidad por parte de determinadas grandes empresas y determinados grupos. Se identifica como la referencia de partida que ha llevado en los últimos años a una abundante producción normativa sobre la obligatoriedad, el alcance y los contenidos de la información sobre la que reportar en los informes de sostenibilidad.
4. Directiva (UE) 2022/2464 del Parlamento Europeo y del Consejo, de 14 de diciembre de 2022 (CSRD), por la que se modifica el Reglamento (UE) n.º 537/2014, la Directiva 2004/109/CE, la Directiva 2006/43/CE y la Directiva 2013/34/UE, por lo que respecta a la presentación de información sobre sostenibilidad por parte de las empresas.

social y medioambiental dirigida a inversores, consumidores y otros stakeholders, de forma tal que tengan acceso sencillo a información que afecta a la sociedad. En los últimos años es notable la proliferación de normativa aplicable en este sentido.

Con todo, la participación en la gestión estratégica como un factor crítico de éxito para integrar el valor social no puede estar referenciada solo a esquemas legales sino asimismo a otros aspectos de especial relevancia, que configuran la opción por un modelo y una identidad de empresa, que se conectan con el liderazgo de las organizaciones y que incluyen la necesidad de una estrategia compartida, la solidez del propósito o la apertura a nuevas ideas para una mejor innovación.

El fenómeno de la participación en la gobernanza de las empresas ha evolucionado a lo largo del tiempo, condicionando el foco y el alcance de la participación. Así, en períodos dominados por las teorías de posicionamiento, el foco está en los agentes del mercado y, específicamente, en la competencia. El desarrollo de la dirección de marketing hace que la centralidad de la dirección de la empresa gire hacia el cliente; la teoría de recursos y capacidades pone el foco en los recursos clave de la empresa, y el enfoque basado en la discrecionalidad gerencial enfatiza el rol de los equipos directivos. La teoría de stakeholder representa una visión sintética en la que la participación de todos los stakeholders incide en el desempeño de la empresa.

En el contexto actual, el valor social ha ganado relevancia y observamos que ya son muy pocas las grandes empresas que evitan mencionar el equilibrio en la distribución de valor a los stakeholders como una necesidad. Es por ello por lo que en el desarrollo del SVS contemplamos la concreción del liderazgo participativo en la generación de sistemas de participación bajo el enfoque de la teoría de stakeholder. Si bien los procesos de innovación abierta incorporan la participación de stakeholders internos y externos, proponemos ahora un análisis estructurado de las diferentes formas de enfocar y dirigir la participación, diferenciando entre ambos. Cabe señalar nuevamente que la participación de stakeholders a través del diálogo es una de las fases del proceso de implantación del modelo poliédrico de la contabilidad social. La articulación de un diálogo efectivo con stakeholders en el marco de procesos clave, como es el de la gestión estratégica, es un requisito a nivel de la estrategia general y, en consecuencia, de los objetivos estratégicos que a nivel social se plantee una empresa.

Liderazgo participativo y la participación de stakeholders internos: equipo de profesionales

De acuerdo con el European Working Conditions Survey, de Eurofound,[5] el amplio marco de participación del equipo de profesionales en las organizaciones contempla tres niveles (figura 13): participación en la gestión, participación en resultados y participación en la propiedad. A su vez, en el primero de los niveles vuelve a existir una triple distinción del alcance de la participación: participación en la toma de decisiones sobre el propio puesto de trabajo, participación en decisiones operativas o participación en decisiones estratégicas.

Participar en la gestión significa, en sentido general, que las personas tomen parte en las decisiones que, a distintos niveles, se toman en la empresa. Desde la lógica empresarial, la participación se entiende vinculada

---

FIGURA 13

Ámbitos de participación del equipo de profesionales

 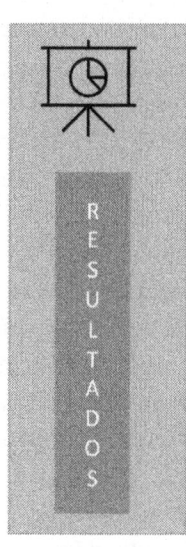 

FUENTE: Elaboración propia.

---

5. https://www.eurofound.europa.eu/en/surveys/european-working-conditions-surveys-ewcs. Desde su lanzamiento en 1990, la European Working Conditions Survey (EWCS) ha sido una referencia clave para disponer de una visión general de las condiciones laborales en Europa.

a la generación de un compromiso de las personas trabajadoras con los objetivos de la empresa, que genera mejoras de calidad y productividad. Lograr la participación de las personas de forma sostenida en el tiempo se plantea como uno de los retos en el camino de una organización hacia la excelencia.

Entre los ámbitos de participación diferenciados en la figura 13, la incorporación del valor social en la estrategia es un fenómeno que se ubica en el ámbito de participación en la gestión estratégica, sobre el cual identificamos diferentes buenas prácticas en la fase de análisis empírico de nuestra investigación.

Ejemplo: Participación de las personas y equipos en los procesos de gestión estratégica

Este grupo está constituido por una asociación, que es la matriz del grupo, y tres sociedades que desarrollan actividades productivas. En 2020 consiguió el sello de excelencia EFQM+500 y dispone asimismo de las certificaciones en ISO9001 e ISO14000 y está acreditado por la Fundación Lealtad en el cumplimiento de los principios de transparencia y buenas prácticas.

El primero de los procesos estratégicos del grupo es la planificación estratégica. La responsabilidad de este proceso recae en la dirección general, de cuyo equipo forman parte asimismo la dirección técnica y la de gestión asociativa. Desde 2013, la estrategia, que previamente se definía cada tres años, ahora se fija cada cuatro. Se puede buscar el origen de la planificación en el mismo año de creación de la asociación (1984), cuando se empezó a desarrollar un primer ejercicio de planificación que desembocaba en un plan de actividades anual. Años más tarde, en 2004 se amplió el alcance al de una planificación estratégica con una perspectiva temporal más amplia.

Las necesidades de los stakeholders se han incorporado en diferentes períodos estratégicos fundamentalmente a través de encuestas de satisfacción. En uno de los procesos de reflexión estratégica, desarrollado en paralelo al de la implantación de la contabilidad social, se abordó un diálogo más abierto y cualitativo con los stakeholders que permitió fortalecer el análisis estratégico.

El análisis estratégico se complementa con la valoración de la trayectoria, partiendo del plan estratégico anterior, y con otros inputs del entorno, identificándolos y valorando la influencia que pueden llegar a tener.

La participación interna es muy amplia. Una vez que se ha obtenido la información de análisis, se devuelve a más de ciento cincuenta personas, que participan como grupo de elaboración del plan estratégico, y a través de esta amplia participación se busca cuestionar el paradigma imperante. La participación, el debate y el consenso son elementos característicos del modelo de gestión del grupo.

La participación es importante también en el despliegue y seguimiento del plan estratégico. Cada responsable de proceso se implica asimismo como responsable de las líneas estratégicas que le sean asignadas. Se dispone de una herramienta de planificación y seguimiento en la que se incorporan indicadores de gestión, incluidos los que proceden de la contabilidad social, se recoge la asignación de responsables y se vuelca la información de seguimiento. Se mantiene la coherencia con la estrategia y con la gestión por procesos al asignar cada indicador a un objetivo y a un proceso.

De acuerdo con la dinámica de seguimiento y evaluación, el plan anual se revisa asimismo trimestralmente en cada centro de trabajo y semestralmente con el claustro y el consejo consultivo de la junta directiva. Como hito significativo de la gestión estratégica, para el cierre del plan estratégico vigente y con carácter previo al previsto para el siguiente período, se hace una evaluación en profundidad del nivel de cumplimiento de objetivos, que marca el tránsito entre los períodos estratégicos antes de entrar en la fase de diseño.

De acuerdo con el estudio de Eurofound 2020[6] la participación directa de las personas trabajadoras se consigue a través de tres diferentes tipos de mecanismos (tabla 11): i) aquellos que generan la interacción entre las personas de la dirección y las personas trabajadoras; ii) la participación de arriba abajo (información sobre cuestiones clave); y iii) la participación de abajo arriba (propuestas, sugerencias) cuya estructuración puede producir resultados positivos en la efectividad de la comunicación en la empresa si se mantiene un sistema vivo y dinámico.

Siguiendo este esquema, detallamos los mecanismos de participación de stakeholders internos y los principales elementos para considerar su aplicabilidad en una organización. Proponemos una valoración *ad hoc* en cada caso en función de las características de la empresa y de los objetivos de la participación, teniendo en cuenta que será necesaria una combinación de mecanismos para lograr las ventajas de los sistemas participativos.

Liderazgo participativo y la participación de stakeholders externos

En el contexto actual se incide en la importancia del diálogo con los stakeholders externos para diseñar estrategias que puedan responder a sus intereses. Asimismo, diversas iniciativas de información y reporte social incorporan en sus procesos de implantación un diálogo con los stakeholders. Por ejemplo, como ya se ha apuntado, en la elaboración de informes de sostenibilidad se recomienda una priorización de asuntos materiales basada en la opinión de los diferentes stakeholders. Por otro lado, una de las fases en la implantación del modelo poliédrico de la contabilidad social es el diálogo con los stakeholders, orientado a la identificación de variables de valor. En el marco del SVS el diálogo con los stakeholders se entiende como elemento nuclear de un compromiso continuo con la generación y distribución del valor social.

Las características del diálogo de las empresas con sus stakeholders deben responder, al menos, a cinco cuestiones: i) Enfoque del diálogo (buscando focalizar planteamientos, implicar a los stakeholders o recibir información para el desarrollo del negocio); ii) cantidad y frecuencia del diálogo (baja, media o alta; basado en el número de iniciativas de diálogo en comparación con un estándar); iii) nivel de implicación (bajo, me-

---

6. Eurofound 2019. European Company Survey (https://www.eurofound.europa.eu/surveys/2019/european-company-survey-2019)

TABLA 11

Mecanismos de participación de las personas trabajadoras en el marco del SVS

Tipología	Mecanismos	Aplicabilidad
Interacción	Entrevistas personales. Reuniones presenciales con equipos formales (ya constituidos en la empresa). Reuniones presenciales con equipos *ad hoc*. Grupos de contraste. Monográficos sobre contabilidad social. Reuniones online. Consultas: cuestionarios y encuestas. Movilización de grupos grandes: World café.	Interacción necesaria en la fase de formulación de la estrategia y definición o actualización del sistema de contabilidad social. Temas de aplicación preferente: contraste del propósito, análisis estratégico (perspectiva interna: todas las personas; perspectiva externa: grupos expertos), identificación de variables de valor. Mecanismos presenciales, idóneos para la generación de confianza y compromiso. Consultas a través de cuestionarios permiten la participación amplia de personas en colectivos grandes.
De arriba abajo	Boletines. Pósteres y otros soportes visuales. Reuniones informativas (a grupos formalmente establecidos en la empresa o grupos *ad hoc*).	Alcance potencial en toda la organización. Fases de aplicación: Despliegue y seguimiento. Reuniones informativas necesarias para mantener cercanía y generar confianza.
De abajo arriba	Buzón de sugerencias (físico o digital). Grupos de trabajo autogestionados. Propuestas desde esquemas formales (Comités de Empresa, Consejos Sociales).	Ventaja del alcance potencial en toda la organización. Fases de aplicación: Despliegue y seguimiento. Prerrequisitos: Exposición clara de condiciones de uso de mecanismos de sugerencias; respuesta a todas las sugerencias: generación de confianza.

FUENTE: Elaboración propia.

dio o alto; basado en el tipo de iniciativas), iv) diversidad del diálogo (bajo, medio o alto; basándose en la diversidad de stakeholders con los que se establecen las iniciativas, y v) impacto que se pretende con el diálogo. Proponemos un esquema que permite reflexionar sobre el alcance del diálogo con los stakeholders y las preguntas clave a las que responder (tabla 12).

Nivel de diversidad

El nivel de diversidad del diálogo está relacionado con la priorización de stakeholders y las decisiones a establecer con ellos. Durante años la evaluación de la gestión de stakeholders ha tenido como referencia su impacto en los resultados para el accionista y se han distinguido los stakeholders primarios de otros con los que la empresa no tiene una rela-

TABLA 12

Niveles de análisis y preguntas clave para el diseño del diálogo con los stakeholders

Alcance del diálogo	Preguntas	Aspectos a valorar
Nivel de diversidad baja, media o alta	¿Con quién?	Priorización de stakeholders (niveles de influencia-dependencia).
Nivel de ambición: bajo, medio o alto	¿Para qué?	Valoración de finalidades: obtener o recibir información, cooperar en la generación de valor.
Nivel de implicación: bajo, medio o alto	¿Cómo?	Envío de información (boletines, memorias). Conferencias, seminarios, jornadas. Cuestionarios. Relación personal. Grupos multistakeholder.
Frecuencia del diálogo: baja, media o alta	¿Cuándo?	Acciones puntuales. Acción continua.
Nivel de impacto: nulo, operativo o estratégico	¿Con qué efecto?	Operativo, sobre una o varias funciones de la empresa. Estratégico.

Fuente: Elaboración propia basada en Habisch *et al.* (2011).

ción directa. En algunos casos se ha hecho referencia a que gestionar stakeholders que asumen algún tipo de riesgo con la actividad de la empresa (inversores, empleados, clientes, proveedores y comunidades locales) es positivo para incrementar el valor para el accionista, lo que no ocurre cuando la empresa participa en temas sociales que pueden afectar a diferentes miembros de la sociedad, pero con los que no tienen una relación directa. En el marco de nuestra propuesta, no cabe esta distinción que, en definitiva, prioriza de partida y de forma exclusiva los intereses de los accionistas sobre el resto, lo cual entendemos que es una visión superada, al menos, desde un plano teórico.

De hecho, la priorización de stakeholders en el marco del SVS no queda restringida a criterios de generación de valor financiero, sino que se desarrolla en un marco más amplio de generación de valor social. La gestión de un modelo orientado a stakeholders supone entender su naturaleza dinámica y la potencial emergencia de necesidades de nuevos stakeholders.

Nivel de ambición

En segundo lugar, al reflexionar sobre el nivel de ambición, la empresa se detiene a pensar en las finalidades del diálogo con cada stakeholder. Entre ellas, las más habituales son las relacionadas con el intercambio de información y las más ambiciosas son las que están orientadas a la generación de iniciativas compartidas para la generación de valor. Sin duda, las empresas informan a los stakeholders de mercado en un marco en el que se conocen las normas, vinculadas a los costes y precios de las transacciones, pero lo que actualmente se propone es un marco de comunicación más amplio, en el que las empresas lleguen a conocer lo que está en juego para la sociedad. En todo caso, el diálogo debe servir para intercambiar opiniones, conocer necesidades y expectativas y discutir sobre las prácticas del negocio y el resto de actividades de la empresa, de tal forma que esta muestre su sensibilidad hacia el entorno y permita que el entorno conozca sus retos.

Nivel de implicación

En tercer lugar, el nivel de implicación se manifiesta a través del tipo de mecanismo utilizado en el diálogo, ya que la intensidad de la relación, su efectividad y el compromiso que puede generar depende no solo de la cantidad de las iniciativas de diálogo sino de la naturaleza de dichas iniciativas. Se ha demostrado empíricamente que cuanto mayor es el nivel de implicación, a través de mecanismos que propician la relación personal y la relación entre varios stakeholders, mayor es la posibilidad de generar acciones y decisiones compartidas.

Frecuencia del diálogo

El cuarto nivel de análisis hace referencia a la frecuencia del diálogo, que se refiere a la periodicidad de las acciones previstas con los stakeholders, las cuales pueden ser de carácter puntual o esporádico o de carácter continuo. La frecuencia idónea del diálogo es algo que no se puede predeterminar, sino que debe ser objeto de discusión en el equipo directivo, de acuerdo con el proceso a establecer y la naturaleza de los stakeholders.

Nivel de impacto

Finalmente, al valorar el alcance del diálogo, la empresa se plantea si sus resultados se incorporarán de algún modo a las dinámicas de la organización, de manera que podrían tener un efecto en la gestión operativa –que afectara a una o varias funciones de la empresa– o incluso en la estrategia de la empresa.

En el marco general del SVS proponemos la realización de una valoración por parte del equipo directivo, de carácter subjetivo y descriptivo, que permita reflexionar sobre el perfil deseado del diálogo con los stakeholders en la fase de formulación estratégica entre niveles 0 y 1, incluyendo los niveles de diversidad, implicación, ambición, impacto y frecuencia de diálogo (figura 14). Esta reflexión previa y compartida por el equipo debe permitir planificar un diálogo fructífero y factible, que evite un error habitual, en el que se busca un diálogo muy exigente pero poco práctico y que en ocasiones es inviable. El diálogo con los stakeholders externos es una actividad necesaria, en la que se invierte tiempo y recursos, por lo que el planteamiento debe ser coherente con las posibilidades de la empresa.

FIGURA 14

Perfil del diálogo con stakeholders; una propuesta para la reflexión sobre el alcance del diálogo con los stakeholders

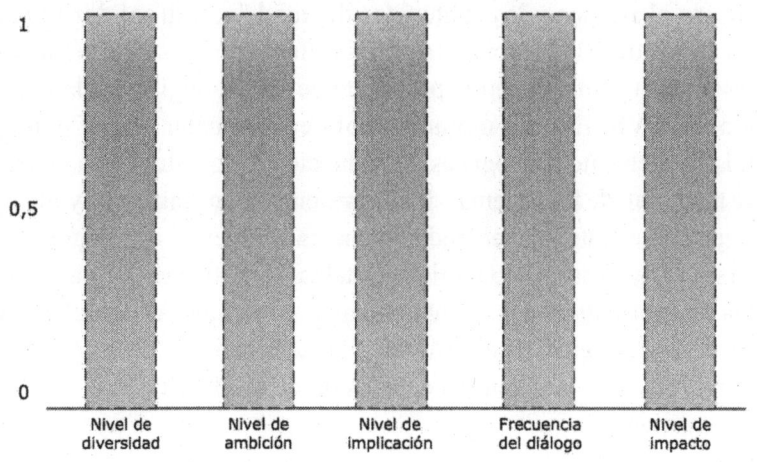

FUENTE: Elaboración propia.

Solidez de los procesos directivos

El proceso de gestión estratégica

A lo largo del estudio de caso múltiple de nuestra investigación, en las empresas se ha manifestado la importancia para la gestión de mantener el rigor y la solidez de los procesos, en particular los procesos directivos. Marvin Bower, que fue director de McKinsey & Co, identificaba 14 procesos directivos, de los cuales cinco están relacionados con la gestión estratégica: el establecimiento de objetivos, la planificación, la fijación de metas, el desarrollo de la filosofía de la empresa y el establecimiento de políticas. Otros tres están relacionados con la organización —planificación de la estructura, procedimientos y normas—; dos con las personas —captar personal y motivarlo—; otros tres se centran en la gestión de recursos —programas de dirección y operativos, gestión del capital y gestión de las instalaciones— y, finalmente, se identifica un ámbito de información controlada.

La tendencia natural es que la figura de las personas que ocupan puestos directivos evolucione en paralelo con la empresa y, progresivamente, abandonen la actividad operativa y se centren en la gestión estratégica.

En el marco del SVS el proceso de gestión estratégica es central, determina el alcance y los contenidos del modelo, y su solidez se manifiesta en las tres fases: formulación, implantación y seguimiento, que se desarrollan en detalle en la propuesta de metodología para la implantación del SVS. En este momento solo cabe señalar que el punto de partida de dicha metodología es la evaluación de la sistemática, del horizonte temporal, de los sistemas de información, procedimientos y métodos de la gestión estratégica teniendo en cuenta el objetivo de integración de la perspectiva social y económica. La tabla 13 recoge en forma de cuestiones unas orientaciones sobre el alcance de la valoración del proceso de gestión estratégica, de acuerdo con las conclusiones de la revisión de la literatura y con los factores críticos de éxito identificados a lo largo de la investigación.

Ejemplo: Repensando el horizonte temporal del período estratégico

La evolución de la gestión estratégica ha estado ligada en muchos momentos a la fase de planificación, que para algunas escuelas de pensamiento estratégico en el siglo XX era la fase clave, que marcaba el devenir de la organización.

La centralidad de esta fase, no obstante, fue puesta en duda al subrayar la idea de que la estrategia y la operativa tienen que ir unidas y la incertidumbre que rodea la actividad de las organizaciones hace que los resultados en el despliegue necesiten ser revisados e incluso que estén sujetos a potenciales modificaciones. Surgía así la idea del proceso de gestión estratégica, que incluye diseño, implantación y evaluación. Hoy en día, existe un acuerdo prácticamente generalizado sobre la necesidad de entender el desarrollo de la estrategia en, al menos, estas tres fases.

TABLA 13

Cuestiones de reflexión para la valoración de la sistemática de gestión estratégica desde una perspectiva integral de la generación de valor

Ámbito	Cuestiones
General	• ¿El horizonte temporal del período estratégico es coherente con la evolución del entorno? • ¿El proceso de toma de decisiones es adecuado para incorporar una perspectiva integral? • ¿Los sistemas de información son suficientes para gestionar el valor social que distribuye la organización? • ¿El sistema de participación mejora la toma de decisiones? • ¿El sistema de participación motiva a las personas? • ¿Los procedimientos tienen en cuenta los sesgos de la participación? • ¿El sistema de participación tiene en cuenta a los stakeholders internos y externos de la organización? • ¿Se dispone de sistemas para anticipar o gestionar tendencias del entorno?
Formulación	• ¿Se dispone de información suficiente para el análisis estratégico desde una perspectiva integral? • ¿Se utilizan herramientas y modelos de análisis adecuados para adoptar una perspectiva integral? • ¿El propósito de la empresa está bien formulado? • ¿Se tiene en cuenta la participación de los stakeholders para la formulación de la estrategia? • ¿Se definen con claridad los objetivos de la empresa con una perspectiva integral? • ¿Se vinculan los objetivos a un cuadro de mando? • ¿La formulación está estructurada de forma adecuada para el despliegue? • ¿La formulación refleja las decisiones estratégicas tomadas en la empresa? • ¿La formulación refleja el compromiso social de la empresa?
Implantación	• ¿Se despliega la estrategia de forma coherente en períodos más cortos? • ¿Las herramientas para la implantación son adecuadas? • ¿Se mantiene el alineamiento de la organización con el propósito durante toda la implantación? • ¿La organización está preparada para gestionar oportunidades y riesgos emergentes? • ¿Existe una sistemática de diálogo con los stakeholders?
Seguimiento	• ¿Se miden los valores clave que reflejan el desempeño económico y social de la empresa? • ¿Se dispone y utiliza un cuadro de mando adecuado para reflejar la perspectiva integral en la generación de valor? • ¿Se evalúa el desempeño económico y social de la empresa? • ¿Se reflexiona sobre los motivos del desempeño? • ¿Se conocen y se tienen en cuenta los cambios en los stakeholders en la evaluación? • ¿Se reformula la estrategia de acuerdo con la evaluación?

FUENTE: Elaboración propia.

En general, siguen siendo predominantes en la práctica de las organizaciones los períodos estratégicos de 3 a 5 años, y si bien de los contextos cambiantes y de la velocidad del cambio que afecta a las organizaciones en el desarrollo de su actividad se ha hablado también a menudo, se subraya ahora la volatilidad como un elemento clave del contexto actual. En este sentido, la cuestión sobre el horizonte temporal de la gestión estratégica es un tema de debate.

Tras la pandemia de la COVID-19, en una de las empresas objeto de nuestra investigación, se planteó si el período de 3 años que habitualmente servía de referencia era válido en las circunstancias de incertidumbre que surgían tras hechos disruptivos cada vez más frecuentes. El cuestionamiento permitió valorar la importancia de los procesos formalizados de reflexión y el mantenimiento de una referencia temporal a tres años, pero también se incidió en la necesidad de formulaciones más ligeras y en la implantación de sistemas de evaluación y seguimiento ágiles, que implican a muchas personas de la organización en el proceso de gestión estratégica, con períodos de seguimiento muy cortos y objetivos revisables.

El proceso de gestión de stakeholders

Añadimos en este punto y en el marco de nuestro estudio la gestión de stakeholders, entendida como un subproceso de la gestión estratégica. En un contexto de innovación abierta, la profesora Rosina Watson y su equipo de la Universidad de Cranfield, entendían que la gestión de stakeholders era una capacidad dinámica que puede contribuir a la diferencia en la disponibilidad de recursos por parte de una empresa, en la medida en que los directivos sepan atraer y cooperar con los stakeholders.

En el apartado referido al liderazgo participativo, hemos analizado la gestión de stakeholders desde una perspectiva más operativa. Aquí abordamos una perspectiva de carácter estratégico en torno a dos cuestiones que relacionan la gestión de stakeholders con la estrategia: el modelo de gestión de stakeholders y su categorización como proceso básico para enfocar la estrategia.

Entre los diversos modelos de gestión estratégica de stakeholders, destacamos el de Simone de Colle, que formula un proceso en diez pasos (figura 15).

El primer paso, consistente en la identificación y mapeo de stakeholders, determina el alcance de los demás ya que establece cuáles son los stakeholders prioritarios y el tipo de relación que se mantendrá con cada uno de ellos. Desde que Edward Freeman plantease la matriz estratégica de los stakeholders, en función de un criterio de influencia mutua, se han utilizado cuadros y matrices diversos para el cruce de criterios que incorporan el interés, el poder, la legitimidad, la dependencia o el nivel de apoyo. El ejercicio de priorización realizado bajo la perspectiva de la gestión de stakeholders permite a la empresa integrar los criterios tradicionales de definición de la estrategia junto con los valores únicos que la identifican. Fueran los que fueran los criterios, las matrices nos permiten

---

FIGURA 15

Modelo de gestión de stakeholders

Fuente: Elaboración propia basada en De Colle (2005).

una visualización y comprensión rápida del resultado del ejercicio de priorización (figura 16).

Desde la teoría de la organización se ha adoptado una aproximación diferente al concepto de stakeholder, teniendo en cuenta la necesidad de la organización ambidiestra, que es capaz de trabajar conjuntamente en dos planos, corto y largo plazo, y concluyendo que la gestión de stakeholders debe ser ambidiestra, al conectarla con la estrategia de negocio, reconociendo que en el corto plazo se darán desequilibrios y situaciones de renuncia que afectarán a los stakeholders de la organización. A partir de aquí se puede mantener un enfoque dinámico de gestión de stakeholders, en el que se asumen siete proposiciones, presentadas en la tabla 14. Creemos necesario avanzar sobre este enfoque dinámico para aportar una mayor solidez al proceso de gestión de stakeholders en el SVS. Como marco de reflexión, nos lleva a valorar diferentes implicaciones en relación con cada uno de los vectores de desarrollo del SVS.

FIGURA 16

Posición estratégica ante los stakeholders en la aplicación de la matriz poder/interés

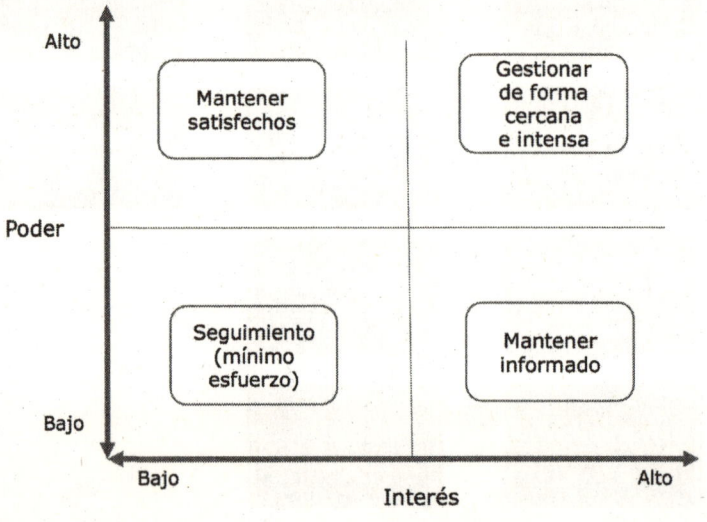

FUENTE: Elaboración propia basada en De Colle (2005).

TABLA 14

Proposiciones para un enfoque dinámico de la gestión de stakeholders e implicaciones en los vectores del SVS

N.º	Proposiciones para un enfoque dinámico de la gestión de stakeholders	Implicaciones en el SVS
1	Aspiración a mejorar el bienestar del conjunto de stakeholders a largo plazo. Tanto en términos absolutos (valor recibido) como relativos (valor recibido con respecto a lo que podrían recibir de otras organizaciones).	A'1 – Necesidad de un sistema de información integral.
2	Asunción de oscilaciones en el corto plazo, tanto en términos absolutos como relativos.	A'1 – Necesidad de un sistema de información integral.
3	Los cambios en la estrategia pueden implicar una revisión del equilibrio en las relaciones con los stakeholders. La satisfacción de los stakeholders afecta el acceso a los recursos y, en consecuencia, la viabilidad de una estrategia.	B'1 – Proceso de gestión estratégica dinámico. A'2 – Sistema de gestión estratégica que permita incidir en las dinámicas de evaluación y reformulación.
4	El compromiso con la generación de valor para los stakeholders requiere una disposición mental ambidiestra: estrategia para mantener una tendencia de creación de valor positiva a largo plazo compatible con el control y limitación de la estrategia, lo cual puede generar situaciones conflictivas.	C'2 – Orientación social. El valor social generado a través de transacciones de mercado y de no mercado. C'1 - Orientación a resultados – No perder de vista el largo plazo. Desarrollo de habilidades de gestión en equipos directivos.
5	El esfuerzo de construcción de relaciones mutuamente satisfactorias nunca termina. La buena gestión se distingue por la habilidad para gestionar variables y parámetros que cambian de forma continua en el tiempo.	C'1 y C'2 - Habilidades de gestión a incorporar al ámbito de los valores.
6	Desarrollo de la creatividad, la innovación y la gestión del cambio en la organización (canales formales e informales, de arriba abajo y de abajo arriba); integrando ética en el proceso de gestión estratégica, valores directivos y modelos mentales.	B'2 – Liderazgo participativo. Implicación de las personas, sistemas de participación.
7	El crecimiento como opción estratégica para una mayor generación de valor, previniendo más que resolviendo la necesidad de realizar renuncias en la generación de valor.	B'1 – El crecimiento como tema clave sobre el que explicitar con claridad una estrategia.

FUENTE: Elaboración propia basado en Minoja (2012).

El alcance de las proposiciones es debatible, pero nos plantea un punto de partida sobre el cual pueden avanzar las empresas y otras organizaciones, en el que la clave está en el compromiso con la creación de valor a largo plazo, lo que obliga a resolver situaciones conflictivas a corto plazo. La incorporación del concepto de organización ambidiestra para la gestión de los stakeholders, que puede desarrollarse desde el entendimiento de los valores clave identificados en el SVS, resulta también una aportación de gran valor y se convierte en un importante reto para las organizaciones. Las proposiciones planteadas generan reflexión en las organizaciones y plantean temas de debate interesantes sobre el alcance de la definición de una estrategia para cada uno de los stakeholders o de estrategias conjuntas. Hoy en día, puede tenderse a estrategias que beneficien simultáneamente a varios stakeholders (hay estrategias que por su naturaleza son más fáciles de entender desde esta perspectiva, como los planteamientos que puedan hacerse en torno a la estrategia de innovación, de la que pueden beneficiarse proveedores, clientes y el conjunto de la sociedad). Creemos también que no conviene descartar la formulación de una única estrategia integradora, en la medida en que sirva para orientar la acción de forma coherente.

A todo lo anterior se une el contexto normativo al que hemos hecho referencia más arriba. Específicamente, a través de la Corporate Sustainability Reporting Directive 2022/2464 (CSRD) se introduce el concepto de doble materialidad en la preparación de los informes de sostenibilidad en la Unión Europea y se convierte en un aspecto clave, que afecta la gestión de stakeholders. La doble materialidad plantea la necesidad de un análisis de temas que afectan a la sostenibilidad desde una doble perspectiva, financiera y de impacto.

Dada la importancia que cobra este análisis de doble materialidad en la CSRD y el creciente alcance que tiene a partir de su implantación en 2024, consideramos importante incorporarlo al SVS, afectando tanto el proceso de diálogo con los stakeholders llevado a cabo para implantar la contabilidad social como a la fase de análisis estratégico. En esta se propone la aplicación de una matriz de doble materialidad adaptada a la consideración de impactos desde una doble perspectiva diferente a la de la Directiva, al reemplazar la perspectiva financiera por la del alineamiento con el propósito de la organización. Así, en el marco del SVS asumimos que los objetivos financieros no representan el propósito de la organización o, al menos, no en todos los casos ni de forma exclusiva.

El análisis de doble materialidad también requiere que el diálogo con stakeholders se amplíe más allá de la identificación de variables de valor, preguntando explícitamente por la relevancia de sus impactos, tanto actuales como potenciales. Puede utilizarse una escala Likert de 1 (nada relevante) a 5 (muy relevante), con valoraciones intermedias que permiten matizar la opinión.

En cuanto a la matriz de doble materialidad adaptada (figura 17), permite identificar los impactos que resultan suficientemente significativos para su posterior cuantificación monetaria, toda vez que las variables quedan clasificadas en torno a cuatro cuadrantes, en función del cruce entre las dos perspectivas de impacto sugeridas.

La gestión de stakeholders plantea, por lo tanto, múltiples cuestiones de carácter conceptual, propias de una mesa de debate estratégico, así

FIGURA 17

Matriz de doble materialidad, adaptación para un enfoque estratégico que integre la perspectiva del valor social

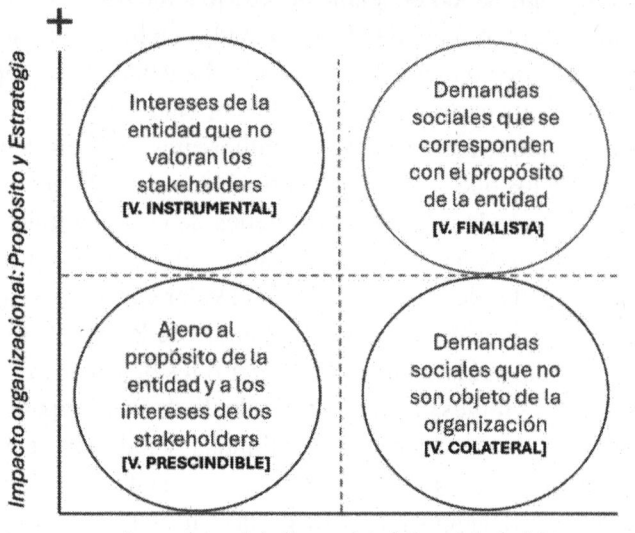

FUENTE: Elaboración propia.

como la necesidad de un análisis de alcance estratégico para el que la matriz de doble materialidad surge como una oportunidad si se amplía su visión, adaptándola a la perspectiva que nos ocupa, de integración del valor social en la estrategia. No obstante, para que el ámbito conceptual y los resultados del análisis se acerquen a enfoques prácticos, el desarrollo de los factores técnicos que abordamos a continuación (sistema de información social y mapa estratégico-cuadro de mando integral) puede proporcionar concreción, claridad, simplificación y, en suma, el soporte para una valoración más precisa de los temas materiales, la toma de decisión, la formulación, el seguimiento y la evaluación de la estrategia.

Factores técnicos

Sistema de información integral

Análisis estratégico de los sistemas de valor

En la práctica, el libro de la contabilidad social en una organización, siguiendo el modelo poliédrico, recoge información detallada sobre las transferencias de valor a través de la actividad mercantil (plasmadas en la matriz de valor social de mercado, que se basa en la lógica del estado de valor añadido ampliando el detalle de distribución del valor entre diferentes stakeholders) o fuera de ella (plasmadas en la denominada matriz de valor social de no mercado) y, como se ha detallado en capítulos anteriores, en algunos casos el cálculo del valor emocional.

Los datos obtenidos con respecto a los diferentes sistemas de valor y stakeholders para los que se generan, se trasladan a una hoja en la que, por lo tanto, se recoge la información sintética de la contabilidad social desde dos perspectivas: i) el valor generado a través de los diferentes sistemas de valor (filas de la tabla 15), y ii) el valor generado a cada uno de los stakeholders de la organización (columnas de la tabla 15).

Siendo importante el resultado del primer o los dos primeros ejercicios en los que una empresa desarrolla el cálculo, la validez para la gestión estratégica será mayor cuando la contabilidad social se haya asentado en la organización y se disponga de una trayectoria de varios años que permita extraer conclusiones a partir de las ratios relevantes para la empresa. La evaluación de la trayectoria es una aproximación al análisis estratégico que permite extraer lecciones aprendidas, mejora la efi-

TABLA 15

Formato ilustrativo de la estructura abreviada de la contabilidad social

	STAKEHOLDERS						
	Sociedad	Personas	Clientes	Inversores	Estado	Proveed.	Otros
Valor social de mercado	-, €	-, €	-, €	-, €	-, €	-, €	-, €
Directo	-, €	-, €	-, €	-, €	-, €	-, €	-, €
Indirecto	-, €	-, €	-, €	-, €	-, €	-, €	-, €
Valor social de no mercado	-, €	-, €	-, €	-, €	-, €	-, €	-, €
Valor social integrado	-, €	-, €	-, €	-, €	-, €	-, €	-, €
Valor emocional	-, €	-, €	-, €	-, €	-, €	-, €	-, €
Valor socioemocional	-, €	-, €	-, €	-, €	-, €	-, €	-, €

FUENTE: Elaboración propia.

ciencia en la toma de decisiones y sirve de base para establecer objetivos a largo plazo.

En diversos manuales de planificación estratégica se propone iniciar el análisis estratégico identificando la estrategia existente (explícita o implícita) para poder evaluar su resultado a lo largo de un período de tiempo. Para ello, se propone el uso de información financiera, que en un contexto en el que las empresas no solo pretenden generar un valor financiero, puede ser ampliada por medio de la contabilidad social. Toda evaluación estratégica requiere información acorde con la orientación estratégica de la organización, fiable y comparable. La estructura del sistema de contabilidad social resulta adecuada asimismo para la comunicación de la estrategia y, una vez implantada en la organización, puede suponer una fuente de información especialmente relevante para reflejar en memorias anuales y otros instrumentos de reporte el valor generado a través del despliegue de la estrategia. En particular, puede ser una información sobre la que se basen los informes de sostenibilidad. Más adelante presentamos una iniciativa al respecto, llevada a cabo por un grupo de fundaciones en el año 2024.

La diversidad de perspectivas de análisis y formulación de objetivos estratégicos relacionados con las ratios económicas y financieras ha sido una constante en el desarrollo de la disciplina de la dirección estratégica, que hace comprensible el desempeño de las empresas y permite la comparabilidad entre unas y otras. Sin embargo, al proponer herramientas de análisis estratégico y formulación de objetivos para empresas sin ánimo de lucro, se ha alertado de que los objetivos de estas organizaciones son muy complejos. Ante ello, y en línea con las demandas al tejido empresarial de generar un valor social integrado, la información de carácter social expresada en unidades monetarias permite contar con ratios que amplían las perspectivas tradicionales de análisis del valor social, frente a lo que ocurre cuando este está medido únicamente en KPI formulados en unidades diversas, no comparables. En el siguiente apartado proponemos estas nuevas perspectivas para el análisis estratégico.

Tipología de valores y ratios de análisis. Selección e interpretación

La medición del desempeño social a través de la contabilidad social proporciona información de carácter potencialmente estratégico. Para desarrollar este potencial, tiene que gestionarse de forma efectiva, lo que requiere la recogida, el almacenamiento, la presentación y el análisis de los datos. El análisis es crucial para dirigir la organización al cumplimiento de sus objetivos estratégicos, y el uso de indicadores debe ser adecuado a estos objetivos. Los indicadores y ratios de la contabilidad social como sistema de información pueden evidenciar la coherencia estratégica de una empresa con su propósito, como ya hemos avanzado en apartados anteriores, y facilitan la gestión estratégica del valor social en cualquiera de sus fases: definición, implantación, seguimiento y comunicación.

A fin de estructurar la reflexión sobre los valores y ratios a incorporar como elementos de la gestión estratégica, proponemos relacionarlos con seis perspectivas estratégicas:

- Generación y distribución del valor social de mercado.
- Generación y distribución del valor social de no mercado.

- Generación y distribución del valor social integrado.
- Eficiencia e impacto social.
- Equilibrio en la distribución de valor en los diferentes sistemas.
- Evaluación segmentada de la estrategia a través de la contabilidad social analítica.

Generación y distribución del valor social de mercado

La generación y distribución del valor social a través de las transacciones de mercado están basadas en el análisis del estado de valor añadido, que ha sido reconocido como una herramienta que acerca la información de la contabilidad financiera a la interpretación del desempeño social de una organización, toda vez que permite cuantificar la distribución de valor social de mercado directo entre los factores de producción: factor trabajo, factor capital, estado y valor retenido por la propia organización. Dependiendo del nivel de información disponible, a través del desglose del valor social de mercado pueden llegar a identificarse otros stakeholders específicos para los que se genera valor. Al valor social de mercado directo se añade el segundo subsistema de valor social de mercado, el indirecto, que concreta el valor generado a proveedores. El tercer subsistema es el valor generado a clientes y reconocido por estos a través del pago de un precio por la compra de un bien o un servicio.

La forma en que las empresas distribuyen el valor añadido entre los factores de producción y a través de la participación en el sistema de valor del sector o de la industria es muestra, por lo tanto, de su desempeño social, y se traslada en la contabilidad social a través de los valores y ratios presentados en la tabla 16.

Generación y distribución del valor social de no mercado

La segunda perspectiva de análisis es la referente al valor social de no mercado y se contempla desde diferentes dimensiones. En la tabla 17 se sugieren valores y ratios relacionados con esta perspectiva.

La primera dimensión parte de entender que la distribución del valor generado entre las diferentes variables de la matriz de valor social de no mercado debe estar alineada con el propósito y con las principales líneas estratégicas de la organización. Al trasladar la información existente a unidades monetarias, el peso relativo de las variables orientadas al pro-

TABLA 16

Valores y ratios de análisis sobre la perspectiva estratégica: generación y distribución de valor social de mercado

	Perspectiva estratégica: generación y distribución del valor social de mercado
Tipología de indicador	Valores recomendados para el análisis en el diseño, despliegue y seguimiento estratégico
Absoluto	Valor social de mercado: VSM (€). VSM a clientes (€). VSM a proveedores (€). VSM a las personas de la organización (€). VSM a las administraciones públicas (€). VSM retenido por la organización (€).
Ratios	Contribución al VSI – Valor social de mercado / Valor social integrado (Entre 0 y 100; entre 0 y 1). Distribución: VSM a clientes / VSM total (0 % a 100 %). VSM a proveedores / VSM total (0 % a 100 %). VSM a las personas de la organización / VSM total (0 % a 100 %). VSM a las administraciones públicas / VSM total (0 % a 100 %). VSM retenido por la organización / VSM total (0 % a 100 %).

FUENTE: Elaboración propia.

pósito y el de las variables colaterales, en un primer nivel (ver ejemplo del apartado correspondiente a la formulación, seguimiento y evaluación del propósito), o el peso de cada una de las variables en un mayor nivel de detalle, es comparable de forma inequívoca. Así, por ejemplo, si una entidad tiene una marcada orientación hacia el desarrollo de la función educativa, el peso de la variable *Educación* será elevado. Esta comparación no es posible cuando se gestiona a través de KPI con unidades de cálculo diferentes para cada variable de valor.

Por otro lado, cada una de las variables de la matriz de valor social de no mercado refleja asimismo el valor generado a uno o varios stakeholders, por lo que la suma de lo que cada stakeholder recibe puede compararse con el total, de la misma manera que en el caso del valor social de mercado. Debe hacerse notar que el valor social de no mercado consolidado no tiene que ser igual al sumatorio de lo que reciben los stakeholders debido a que el valor no es apropiativo y una transferencia de va-

TABLA 17

Valores y ratios de análisis sobre la perspectiva estratégica: generación y distribución de valor social de no mercado

Perspectiva estratégica: generación y distribución del valor social de no mercado	
Tipología de indicador	Valores recomendados para el análisis en el diseño, despliegue y seguimiento estratégico
Absoluto	Valor social de no mercado – VSNM (€). VSNM alineado con el propósito de la organización (€). VSNM en cada variable de valor (€). VSNM generado y distribuido a cada stakeholder (€).
Ratios	Contribución al VSI – Valor social de no mercado / Valor social integrado (Entre 0 y 100; entre 0 y 1). Distribución: VSNM alineado con el propósito de la organización / VSNM total (0 % a 100 %). VSNM de cada variable (n variables de valor) / VSNM total (0 % a 100 %). VSNM generado y distribuido a cada stakeholder (n stakeholders) / VSNM total (0 % a 100 %). Índice de valor compartido $\Sigma(VSNM_{SH1} + VSNM_{SH2}... + VSNM_{SHn})$ / VSNM total.

FUENTE: Elaboración propia.

lor de no mercado puede generar valor para más de uno. De esta forma, algunas organizaciones muestran una capacidad para generar un valor social compartido, lo que asimismo genera un índice que puede tener un significado estratégico. Lo contemplamos en esta perspectiva de análisis y en la perspectiva relativa a la eficiencia e impacto social.

Generación y distribución del valor social integrado

El valor social integrado refleja el valor total que genera la organización tanto a través de transacciones de mercado como de no mercado. Potencialmente, podría añadirse el valor social emocional, para generar un valor socioemocional. Como se ha indicado previamente, la investigación y las aplicaciones prácticas para el cálculo de este sistema de valor han crecido en los últimos años.

Al igual que en el caso de los sistemas de valor social de mercado y de no mercado, un aspecto de especial interés es el de la distribución del valor generado entre los diferentes grupos de interés, toda vez que en una organización se identifican stakeholders prioritarios desde una perspectiva estratégica, en función de las relaciones de influencia mutua con cada uno de ellos o de otros criterios de categorización o priorización a aplicar. La contabilidad social proporciona información comparable sobre el valor generado a estos stakeholders prioritarios y su seguimiento permite alertar sobre posibles desviaciones y, en consecuencia, incorporar mejoras en la gestión del valor que se les genera. En la tabla 18 presentamos valores y ratios de análisis sobre esta perspectiva estratégica.

Eficiencia e impacto social

La contabilidad social también permite el análisis y la toma de decisiones sobre la estructura de financiación de la empresa u otro tipo de organización y el uso eficiente de esta financiación, de modo que se pue-

---

TABLA 18

Valores y ratios de análisis sobre la perspectiva estratégica: generación y distribución de valor social integrado

Perspectiva estratégica: generación y distribución del valor social integrado	
Tipología de indicador	**Valores recomendados para el análisis en el diseño, despliegue y seguimiento estratégico**
Absoluto	Valor Social Integrado: VSI (€). Valor Social Integrado generado y distribuido a stakeholder 1, stakeholder 2, ... stakeholder n (€).
Ratios	Composición (= al concepto de contribución al VSI desde la perspectiva de análisis del VSM o del VSNM).
	Valor social de no mercado / Valor social integrado: Valor social de mercado / Valor social integrado (Entre 0:100 y 100:0).
	Distribución: VSI generado y distribuido a cada stakeholder (n stakeholders) / VSI total (0 % a 100 %).

FUENTE: Elaboración propia.

den establecer una gestión y una comunicación clara y completa sobre el valor generado en función de los recursos disponibles. La tabla 19 recoge los principales indicadores relacionados con esta perspectiva estratégica.

La experiencia en la aplicación de la contabilidad social a través de los años ha permitido ir fijando algunas ratios de referencia trasladables a la gestión estratégica de la empresa. Destacamos entre ellas las relativas a esta perspectiva que relacionamos con la *eficiencia* y el *impacto social*. Los índices conocidos por los acrónimos SVAI (Social Value Added Index), SVI (Social Value Index) y SSVI (Stakeholder Shared Value Index) son algunas de las ratios que permiten medir la eficiencia de la actuación social de la organización, pudiendo valorar a través de las dos primeras (SVAI y SVI) el efecto multiplicador de esta actuación con respecto a los recursos utilizados. Finalmente, el SSVI relaciona el valor distribuido a todos los stakeholders (sumatorio) y el VSI (consolidado). Como hemos anticipado en el análisis del valor social de no mercado, dado que el valor distribuido a través de transferencias de no mercado

TABLA 19

Valores y ratios de análisis sobre la perspectiva estratégica: eficiencia e impacto social

Perspectiva estratégica: eficiencia e impacto social	
Tipología de indicador	**Valores recomendados para el análisis en el diseño, despliegue y seguimiento estratégico**
Ratios	Referenciado al total de ingresos disponibles: SVAI – Social Value Added Index: VSNM / Presupuesto gestionado (o ingresos totales). SVI – Social Value Index: VSI / Presupuesto gestionado (o ingresos totales). Referenciado a otros indicadores financieros: VSI / activo. VSI / ventas. Incorporación del concepto de valor compartido: (SSVI – Stakeholder Shared Value Index) – Sumatorio valor social distribuido / VSI (consolidado) (Siempre = 0 > 1).

Fuente: Elaboración propia.

no es apropiativo, la misma variable de valor puede beneficiar a uno o más stakeholders, de ahí que el sumatorio podría llegar a ser mayor que el consolidado.

Equilibrio entre la distribución de valor a través de los diferentes sistemas

En relación con lo anterior, se ha concluido también que las ratios de análisis que se generan a partir de la información de la matriz de valor social integrado deben adaptarse a las necesidades de gestión interna y de relación y comunicación con los grupos de interés en cada caso concreto. Así, en empresas con un fin social es importante contar con ratios de eficiencia en la generación y distribución del valor social a través de transacciones que no son de mercado. También se puede calcular la ratio denominada de equilibrio, que calcula la relación entre el valor social generado a través de mercado y a través de transacciones de no mercado. En la tabla 20 se presentan estos valores y ratios de referencia.

TABLA 20

Valores y ratios de análisis sobre la perspectiva estratégica: equilibrio en la distribución de valor social de mercado y de no mercado

Perspectiva estratégica: equilibrio en la distribución de valor social de mercado y de no mercado	
Tipología de indicador	Valores recomendados para el análisis en el diseño, despliegue y seguimiento estratégico
Ratios	Contribución al VSI – Valor social de mercado / Valor social integrado (Entre 0 y 100; entre 0 y 1).
	Contribución al VSI – Valor social de no mercado / Valor social integrado (Entre 0 y 100; entre 0 y 1).
	Composición (= al concepto de contribución al VSI desde la perspectiva de análisis del VSM o del VSNM).
	Valor social de no mercado / Valor social integrado: Valor social de no mercado / Valor social integrado (Entre 0:100 y 100:0).

FUENTE: Elaboración propia.

Evaluación segmentada de la estrategia a través de la contabilidad social analítica

Una aplicación específica del análisis de la composición del valor social integrado es la de la evaluación segmentada de la estrategia. Nos referimos aquí a la aplicación de la contabilidad social para la gestión de determinadas estrategias que requieren una segmentación por diferentes criterios o al análisis del alineamiento de la estrategia de empresa con un marco de referencia.

Además del cálculo del valor distribuido a cada stakeholder, que es consustancial al modelo poliédrico de la contabilidad social, la contabilidad social puede aportar información para la valoración de una estrategia que siga otros criterios de segmentación, como era el criterio territorial en el caso de algunas de las empresas del estudio de caso múltiple sobre el que pivotó nuestra investigación. Esta empresa ha desarrollado una contabilidad social analítica, que permite conocer y gestionar el valor generado en cada municipio en que tiene presencia. La aplicación de una contabilidad analítica de género es similar en cuanto a la lógica de una aplicación segmentada, pero se diferencia por su alcance y su finalidad, en tanto en cuanto su utilización puede orientarse a la valoración de la estrategia de igualdad de una empresa.

Por otro lado, en esta misma línea, la contabilidad analítica posibilita el análisis y valoración del alineamiento de una estrategia con un marco de referencia. El marco puede ser global, como es el caso de la Agenda 2030, que ha sido adoptado en el tejido empresarial como marco de reflexión para la creación de valor sostenible y para el desarrollo de su política de Responsabilidad Social Empresarial. La contabilidad social puede utilizarse en la medición de la contribución de la empresa a cada uno de los Objetivos de Desarrollo Sostenible. La homogeneización que se consigue a través de la expresión en unidades monetarias posibilita la comparación entre el valor generado para uno u otro objetivo y, por lo tanto, el análisis del alineamiento de los resultados con la estrategia de la organización en relación con los ODS priorizados.

Los valores y ratios de análisis sugeridos bajo esta perspectiva han quedado reflejados en la tabla 21.

TABLA 21

Valores y ratios de análisis sobre la perspectiva estratégica: evaluación segmentada de la estrategia a través de la contabilidad social analítica

Perspectiva estratégica: evaluación segmentada de la estrategia a través de la contabilidad social analítica	
Tipología de indicador	**Valores recomendados para el análisis en el diseño, despliegue y seguimiento estratégico**
Absoluto	Valor Social Integrado que contribuye a ODS 1, ODS 2, ... ODS n (€).
	Valor social Integrado distribuido en territorio 1, territorio, 2, ... territorio n (€).
	Valor Social Integrado por género.
Ratios	VSI generado que contribuye a cada ODS (n.º ODS) / VSI total (0 % a 100 %).
	VSI generado y distribuido en el territorio 1, territorio 2, ... (n territorios) / VSI total (0 % a 100 %).
	VSI generado y distribuido a cada género / VSI total (0 % a 100 %).

FUENTE: Elaboración propia.

Mapa estratégico y cuadro de mando integral

De los aprendizajes de los casos analizados en nuestra investigación se desprendía la necesidad de que las empresas establezcan objetivos relativos al valor social y, asimismo, vincularlos a indicadores que permitan disponer de referencias cuantitativas de desempeño, internas en primer lugar y, en un segundo término, que posibiliten la comparabilidad con otras organizaciones externas. En los casos analizados, la disponibilidad de estos datos de referencia del valor social generado se había conseguido a través de la implantación de la contabilidad social. Por otro lado, en la revisión de la literatura de gestión detectábamos un grado de acuerdo generalizado en que la formulación de la estrategia debe ligarse a su implantación y seguimiento y, entre las principales aportaciones en la búsqueda de la coherencia entre todas las fases del ciclo de gestión estratégica identificábamos la serie de artículos de Kaplan y Norton desde 1992 para el desarrollo del mapa estratégico y el cuadro de mando integral, que permitían dar coherencia a la formulación de objetivos y a las dinámicas de implantación y seguimiento.

Robert Kaplan y David Norton han conformado uno de los equipos cuyas investigaciones y propuestas han tenido más impacto en la práctica de la gestión estratégica de las últimas tres décadas. Su concepto incide en la consideración de indicadores de desempeño no financieros como un ámbito de ocupación de los gestores de empresa. Estos indicadores no financieros se estructuran en torno a tres categorías (crecimiento y aprendizaje, procesos y clientes), a las que los gestores deben dar seguimiento, complementando de esta manera el seguimiento del desempeño financiero. A partir de este concepto presentan el cuadro de mando integral (CMI) como la herramienta para lograr la consistencia entre las acciones y la visión de la empresa, incorporan el mapa estratégico como expresión coherente de los objetivos estratégicos de la empresa y, finalmente, integran el mapa estratégico y el cuadro de mando integral en el sistema de gestión estratégica.

El crecimiento en el uso del cuadro de mando integral también supuso la ampliación de su ámbito de aplicación, identificándose numerosas experiencias prácticas en empresas industriales, organizaciones del sector sanitario u organizaciones sin ánimo de lucro, pero también a nivel departamental, para la comparación de modelos de gestión, o en el ámbito del emprendimiento. Se ha reaccionado de forma positiva al potencial del cuadro de mando integral como herramienta para implementar y comunicar la estrategia si bien, como toda herramienta de gestión que ha demostrado tener éxito por su aplicabilidad, ha sido objeto de un prolijo debate académico. En cualquier caso, tal como señalaba Modell, investigador de la Escuela de Negocios de la Universidad de Manchester, «el cuadro de mando integral es incuestionablemente una de las innovaciones más influyentes en la transformación del discurso y la práctica de la contabilidad de gestión contemporánea». Como tal, también creemos que tiene su aplicabilidad en el SVS.

De hecho, la principal aportación de Kaplan y Norton no está en la generación de un sistema de medición y control estratégico, sino en que este sistema se integra en un marco desde el que las empresas abordan todo el proceso de gestión estratégica, entendido este en sus tres fases de formulación, implementación y seguimiento. El cuadro de mando integral, por lo tanto, evolucionó desde su inicial concepción como sistema de gestión, al incorporar el mapa estratégico y convertirse finalmente en un vehículo para garantizar el alineamiento estratégico. El punto de partida es la estrategia en sus niveles más altos y el resto de elementos están vinculados a ella.

El desarrollo del concepto de mapa estratégico parte de la necesidad de la empresa de crear un valor sostenible, para lo cual necesita activos intangibles que se diferencian de los activos tangibles y los activos financieros. La diferencia se sustenta en que la creación de valor a través de los activos intangibles es indirecta, contextual en la medida en que depende del alineamiento con el contexto estratégico de la organización, y potencial porque no es un valor de mercado sino que tiene que hacerse realidad a través de un correcto direccionamiento, y normalmente solo cuando se combina con otros activos intangibles. De ahí surge la necesidad de vincular los activos intangibles a los procesos de creación de valor, lo que se consigue a través de la estrategia, que se propone desarrollar en el marco del mapa estratégico, en el que se trasladan los objetivos estratégicos de la organización en relación con la creación de valor sostenible.

En el desarrollo de una estrategia basada en el cuadro de mando integral, los propios Kaplan y Norton identificaban cuatro ámbitos a tener en cuenta: i) marco estratégico compartido; ii) comunicación y alineamiento; iii) asignación de recursos; y iv) feedback estratégico. A cada uno de ellos asocian un conjunto de factores que diferencian una estrategia basada en el cuadro de mando integral (tabla 22) de estrategias basadas exclusivamente en objetivos financieros.

Diversos análisis han tratado de identificar factores críticos de éxito para la implantación del cuadro de mando integral. Desde el inicio, Kaplan y Norton subrayaban la importancia del liderazgo y el apoyo directivo, la divulgación y el alineamiento, los incentivos y la compensación ligadas al CMI, la claridad de las iniciativas estratégicas como resultado del CMI, la planificación del proyecto y el aprendizaje organizacional. Como factores adicionales se ha incidido en la necesidad de justificar los motivos de implementación del CMI, la validación de los supuestos y el apoyo en tecnología. La implantación del cuadro de mando integral se ha vinculado a procesos de comunicación interna que aseguren que es comprendido dentro de la organización y que está soportado por herramientas tecnológicas que permiten su gestión eficiente.

Las primeras aplicaciones del cuadro de mando integral se concentraron fundamentalmente en torno a estudios en el sector manufacturero, marketing y distribución y sector servicios, pero posteriormente se añadieron prácticas o pautas para su implantación en organizaciones sin

TABLA 22

Factores a tener en cuenta en una estrategia basada en el cuadro de mando integral

Ámbito	Factor
Marco estratégico compartido	• Estrategia, punto de referencia para todo el proceso de gestión. • La visión compartida es la base del aprendizaje estratégico.
Comunicación y alineamiento	• El alineamiento con los objetivos existe a todos los niveles. • Educación y comunicación abierta sobre la estrategia son la base para el empoderamiento de las personas. • La compensación está vinculada a la estrategia.
Asignación de recursos	• Se aceptan y racionalizan objetivos que rompen paradigmas. • Las iniciativas estratégicas se identifican con claridad. • La inversión está conectada con la estrategia. • Los presupuestos anuales se vinculan a planes a largo plazo.
Feedback estratégico	• El sistema de feedback se utiliza para testar las hipótesis en las que se basa la estrategia. • La resolución de problemas es un proceso de equipo. • El desarrollo de la estrategia es un proceso continuo.

FUENTE: Kaplan y Norton.

ánimo de lucro, al considerarse que su lógica es adecuada para organizaciones de carácter social, aunque pueda requerir una adaptación. Si bien el SVS es de aplicación universal, para todo tipo de empresas, consideramos relevante incorporar a nuestro análisis estos planteamientos y sus conclusiones principales, ya que surgen de la inquietud por gestionar el valor social desde una organización. En la tabla 23 se recogen las principales conclusiones sobre el uso del mapa estratégico y el cuadro de mando integral de acuerdo con los tres trabajos referenciados.

Las diferentes aportaciones apuntan, en primer lugar, a la flexibilidad del enfoque propuesto por Kaplan y Norton que incluso en las dos aplicaciones plantean soluciones diferentes para cada organización, manteniendo la lógica del mapa estratégico y el cuadro de mando integral. Por otro lado, la necesidad de incorporar a los stakeholders surge como pau-

TABLA 23

Conclusiones sobre la potencial utilización del mapa estratégico y el cuadro de mando integral en organizaciones sin ánimo de lucro

Autores	Principales adaptaciones y pautas
Kaplan y Norton (2004)	Dos aplicaciones diferentes, con las siguientes adaptaciones: • Perspectiva financiera no situada en el nivel jerárquico superior sino en la base o en un nivel intermedio entre la perspectiva de crecimiento y aprendizaje y la de procesos. • Perspectiva de clientes redenominada como «perspectiva de miembros de la sociedad», que incluye la comunidad. • Aunque no denominada como una perspectiva, en el nivel jerárquico superior se sitúa la misión o el impacto social.
Retolaza *et al.* (2012)	Principales pautas y recomendaciones para su aplicación: • Requerimientos previos: conocimiento de la organización y el entorno. • Necesidad de identificar los stakeholders y sus intereses, basándose en una consulta directa, no en las percepciones de los miembros de la organización. • Selección de objetivos e indicadores, evitando la formulación excesiva. • Comprensión del mapa estratégico, sus variables y el establecimiento de relaciones de causalidad. • Utilización de un programa informático adecuado.
Murillo-Pérez (2020)	Generación de un mapa estratégico estándar para entidades sociales: • Mantenimiento de las perspectivas de aprendizaje y crecimiento y procesos. • Adaptación de la parte superior del mapa estratégico con la perspectiva social (en lugar de la de clientes), incorporando personas beneficiarias de las actuaciones de la entidad y administraciones). • Perspectiva de sostenibilidad financiera al mismo nivel que la perspectiva social sin que, por lo tanto, exista relación jerárquica entre ambas.

Fuente: Elaboración propia.

ta expresa en uno de los estudios y, en la práctica, se hace efectiva de forma muy selectiva en las aplicaciones del resto.

En la aplicación del cuadro de mando integral deben gestionarse algunas dificultades relacionadas con la fijación de indicadores y metas. Así, y sobre todo en las organizaciones que lo utilizan por primera vez, se tiende a querer acaparar muchos ámbitos de actividad, planteando un número superior de indicadores al deseado o estableciendo metas demasiado optimistas. Existe el riesgo de desvalorización del cuadro de mando integral cuando emergen estas dificultades y, en el peor de los casos, el retraso en su uso en los procesos de seguimiento y el abandono definitivo al cabo del tiempo.

Con todo, la aplicación del mapa estratégico y el cuadro de mando integral como herramientas inspiradoras y adaptables, en las que pueden utilizarse métricas del sistema de contabilidad social, constituye el sexto de los vectores del SVS. Como todas las herramientas de gestión, debe entenderse lo que son, aplicarse de forma rigurosa, pero dando opción a la creatividad y, por supuesto, teniendo en cuenta las características de la organización en la que el sistema se implante, los objetivos que se persiguen, las condiciones de implantación y el contexto cultural. En último término, debería contribuir al fortalecimiento de la perspectiva estratégica, subrayando que el punto de partida es la estrategia. Si la organización solo se gestiona a corto plazo, el CMI pierde su valor.

Cabe señalar que el cuadro de mando integral se construye en torno a indicadores que, salvo en la perspectiva financiera, normalmente no se expresan en unidades monetarias. Creemos importante aprovechar las ventajas de la contabilidad social en unidades monetarias y, por ello, valorar en unidades monetarias todo aquello que la contabilidad social permite, trasladándolo especialmente a la perspectiva de valor generado a stakeholders, que podría ser equivalente a la perspectiva de clientes en la formulación original de Kaplan y Norton.

En suma, teniendo en cuenta lo anterior, a efectos de la implantación del mapa estratégico y el cuadro de mando integral bajo el enfoque del modelo SVS, proponemos considerar:

- La relevancia de la lógica de conexión y gestión entre el mapa estratégico y el cuadro de mando integral, así como el sistema de relaciones entre las diferentes variables integradas en ambos.

- La estrategia como elemento nuclear del sistema. El cuadro de mando integral no es únicamente una herramienta de medición y seguimiento.

- La flexibilidad para adaptar el mapa estratégico y el cuadro de mando integral a las necesidades de la organización. Esta flexibilidad debe entenderse como la posibilidad de utilizar un lenguaje alternativo y adaptar contenidos de reflexión en cada una de las perspectivas, pero respetando el marco de la lógica de gestión propuesta en el concepto de mapa estratégico y cuadro de mando integral.

- En relación con esta flexibilidad, la necesidad de conocer el valor de los stakeholders y la adaptación de la perspectiva de clientes para contemplar las variables, objetivos e indicadores relativos a stakeholders.

- Asimismo, el traslado de variables, objetivos e indicadores de la contabilidad social al mapa estratégico y el cuadro de mando para lograr una perspectiva integral del desempeño económico y social de la empresa.

6
METODOLOGÍA PARA LA INTEGRACIÓN DEL VALOR SOCIAL EN LA GESTIÓN ESTRATÉGICA DE LAS ORGANIZACIONES BASADA EN EL SVS

Principios

A lo largo de los capítulos previos hemos identificado conceptos y enfoques clave en los ámbitos relacionados con el objeto de estudio, trasladados a los diferentes vectores del SVS en el apartado anterior. A estos conceptos y enfoques añadimos ahora los principios, que son la base de un modelo de gestión y aportan consistencia. Así, la implantación de una gestión estratégica basada en el SVS se rige por los principios de integralidad, enfoque dinámico de la gestión de stakeholders, orientación a largo plazo y flexibilidad estratégica (tabla 24).

Proceso

Esquema general

La metodología para la implantación de la gestión estratégica basada en el SVS es una propuesta que garantiza la consideración de los principios del modelo. Como tal metodología, en su aplicación debe tenerse en cuenta la trayectoria estratégica de la empresa, que podrá incidir en el nivel de intensidad del trabajo requerido en las diferentes fases de la propuesta.

TABLA 24

Principios que rigen un proceso de gestión estratégica basado en el SVS, significado e implicaciones en el marco del SVS y principales referencias

Principios	Significado e implicaciones	Referencias
Integralidad	Visión holística de la organización. Desarrollo del pensamiento estratégico. Ampliación del concepto de modelo de negocio para incorporar la perspectiva social. Sistemas de información integrales e integrados.	Kaplan y Norton (1996) Lietdka (1998) Retolaza y San-Jose (2018) Elkington (2018)
Enfoque dinámico de la gestión de stakeholders	Conocimiento de stakeholders. Equilibrio en la distribución de valor. Diálogo permanente con stakeholders. Participación y generación de compromiso de y hacia l os stakeholders.	Freeman (1984) Minoja (2012)
Orientación a largo plazo	Alineamiento con el propósito. Claridad en la definición de la estrategia. Capacidad de valoración y renuncia en los conflictos entre el corto y el largo plazo. Estrategia basada en valores.	Chandler (1962) Freeman y McVea (2001) White (2017) Lleó et al. (2022)
Flexibilidad estratégica	Habilidad para gestionar los cambios y reconfigurar recursos. Adaptación a oportunidades emergentes. Proactividad hacia una mayor contribución a la sociedad.	Mintzberg (1990) Sánchez (1997) Hitt et al. (1998) Love et al. (2002) Freeman et al. (2020)

Fuente: Elaboración propia.

Estructurada en siete fases (figura 18), la metodología aborda un desarrollo completo del ciclo de gestión estratégica, incluyendo la formulación, la implantación y el seguimiento. A partir de esta fase, que es la séptima en la gestión estratégica basada en el SVS, se abren dos rutas alternativas que mantienen el ciclo de gestión estratégica vivo. Se opta por una u otra en función de la necesidad de una evaluación de mayor o menor intensidad tras un período de implantación, en el que en último término las fases se superponen como si se tratara de un mecanismo en el que todas las piezas están en movimiento simultáneamente. Se subraya así el carácter iterativo del proceso. Para que la visualización sea más clara, se ha evitado plasmar gráficamente el conjunto de relaciones entre todas y cada una de las fases, pero el carácter iterativo es inherente a la metodología y a sus principios de aplicación en todas las fases,

FIGURA 18

Metodología para la implantación de la gestión estratégica basada en el SVS

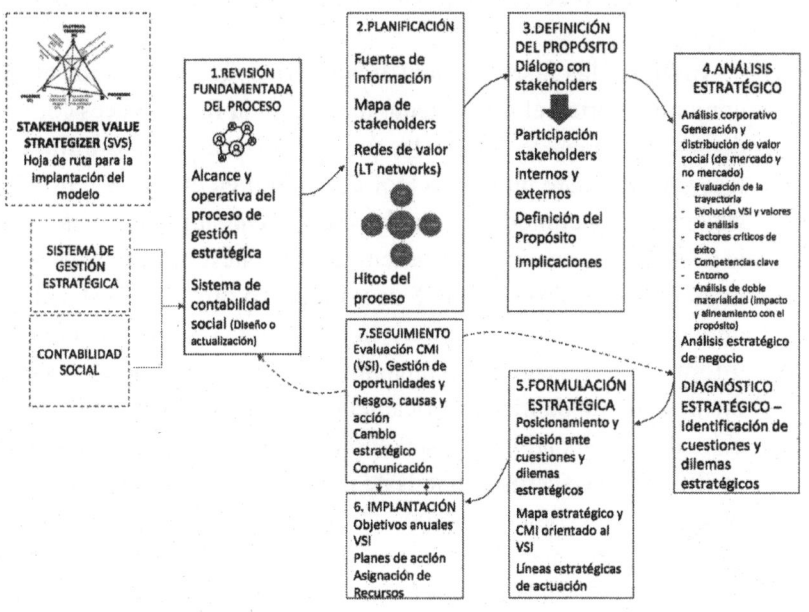

FUENTE: Elaboración propia.

que comparten un planteamiento de proceso único y, por lo tanto, una mutua interdependencia.

Cada una de las siete fases se desarrolla en función de presupuestos teóricos diferenciados que hemos identificado a lo largo de la exposición previa. Además, su desarrollo nos ha permitido asimismo identificar o diseñar herramientas de apoyo para el proceso que pueden ayudar a su puesta en marcha. No obstante, al igual que la metodología puede ser adaptada a la situación de partida de la empresa, habida cuenta de su trayectoria estratégica, las herramientas deben ser las adecuadas para el objetivo que se persigue y para la realidad en la que se aplican, entendiendo además que a priori no deben resultar incompatibles con otras que puedan ser de uso habitual en la organización. Teniendo en cuenta lo anterior, focalizamos a lo largo de este apartado la atención en la operativa de cada una de las fases del proceso de gestión estratégica basado en el SVS.

En el desarrollo específico de cada una de las fases haremos referencia a cuatro elementos:

- Fundamentos teóricos. Se trata de ubicar cada fase en un marco teórico de referencia, que da consistencia a la combinación que surge del resto de los elementos: objetivos, temas y herramientas y apoyos.

  En todas las fases se identifican varias referencias que en su conjunto aportan el fundamento teórico de la fase, a veces coincidentes entre más de una. Se ha querido destacar las más influyentes, si bien existe un marco teórico común en el que la teoría de stakeholder y el modelo poliédrico de la contabilidad social, con la asunción de sus correspondientes presupuestos teóricos, se reiteran en varias fases. El SVS es un modelo orientado a stakeholders que cuenta con la contabilidad social como un sistema de información novedoso. Su mención expresa como uno de los elementos que fundamenta teóricamente cada fase subraya la orientación al valor social y a los stakeholders del SVS, pero no excluye la utilización de otros sistemas de información ya asentados en los procesos de gestión estratégica.

  Destacamos asimismo que, en su conjunto, el SVS plantea una metodología basada en una visión ecléctica de la dirección estratégica y de la estrategia. La revisión de la literatura nos ha llevado a concluir que las tendencias actuales son de integración. Además, la disyuntiva entre la visión basada en el posicionamiento en la industria y la visión basada en los recursos internos no ha sido una disyuntiva excluyente sino de foco principal en uno u otro ámbito para responder a las cuestiones que la dirección estratégica como disciplina científica viene proponiendo desde los planteamientos iniciales de los autores clásicos y su construcción de los fundamentos de la estrategia corporativa.

Por ello, desde la perspectiva integradora que adoptamos para el SVS, en cada una de las fases incidimos en alguna de las teorías o visiones que la evolución de la dirección estratégica nos ha aportado, en la medida en que entendamos que presentan un aspecto diferencial que influye en el planteamiento de los objetivos, temas, herramientas y apoyos para la gestión estratégica basada en el SVS.

- Objetivos. Son los que la organización persigue al poner en marcha cada una de las fases. En suma, son los objetivos del proceso de implantación, asignados específicamente a una de sus fases, y que se supeditan a un objetivo de carácter general, que en la implantación del SVS sería la integración efectiva del valor social y el valor económico en la gestión estratégica de la empresa.

- Temas: Propuesta de asuntos a tratar en el marco de cada una de las fases por parte de la organización y, en particular, por parte de los equipos puestos en marcha. Nuevamente, se trata de temas que el proceso debe abordar, no tanto de los contenidos específicos de la estrategia, que serán los propios de cada organización en función de su actividad, sus necesidades y las de los stakeholders.

- Herramientas y apoyos. Finalmente, en cada una de las fases se identifican las principales herramientas y apoyos que pueden ayudar a las organizaciones a transitar por las fases de la metodología, facilitando la reflexión y el debate estratégico a lo largo de todo el proceso. Entre los apoyos se menciona de forma explícita la documentación interna del sistema de gestión estratégica y de la contabilidad social como información de base necesaria en el desarrollo de cada una de las fases de la metodología. Además de ello, se valoran diferentes herramientas o modelos de análisis y toma de decisión que se han identificado a lo largo de toda la investigación y, específicamente, en el desarrollo de los seis vectores del modelo protocolar. La mención a estas herramientas y apoyos no excluye el uso de otras ya utilizadas o asentadas en las dinámicas de gestión de la organización.

Si bien en el desarrollo de cada una de las fases se sintetizan las herramientas cuya utilización proponemos, a fin de proporcionar una mejor contextualización de la propuesta, en la tabla 25 relacionamos todas las herramientas y elementos de apoyo sugeridos en el conjunto de las siete fases y las referenciamos al capítulo o apartado en el que se han explicado en este documento.[1]

Fase 1: Revisión fundamentada del proceso

El supuesto en el que se podría abordar un proceso más ágil sería el de la empresa que ya tiene implantados tanto un sistema de gestión estratégica como un sistema de contabilidad social. Si no fuera así, sería necesario diseñar uno u otro sistema, o los dos en caso de que no se dispusiera de ninguno, en el marco de un proceso *ad hoc* previo a la implantación de la gestión estratégica basada en el SVS. En nuestra experiencia, hemos podido ver que cada vez son más las organizaciones que han abordado procesos, al menos, de planificación estratégica, con diferentes niveles de consolidación y avance hacia fases de seguimiento y evaluación. También viene siendo cada vez más común encontrar organizaciones que de alguna manera ya han reflexionado sobre su impacto social, si bien pocas veces consolidadas en dinámicas de gestión estratégica. El uso sistemático del modelo poliédrico de contabilidad social permite superar esta dificultad y proporciona un marco de información idóneo para la gestión estratégica.

En la figura 19 se presentan los componentes de esta primera fase, que se plantea como una revisión general de los sistemas clave sobre los que se sustenta el modelo, determinando su idoneidad y, en su caso, identificando aspectos susceptibles de actualización. Subyace en esta fase la comprensión del proceso de gestión estratégica en torno al cual existe un consenso sobre la estructuración en tres fases: formulación, implantación y seguimiento, que serán el primer objeto de esta revisión, inclu-

---

1. En algún caso la mención es puntual y no va acompañada de una explicación detallada del alcance de la herramienta por considerar que se trata de herramientas muy utilizadas y asentadas en el ámbito de la gestión y de uso general (es el caso de la matriz DAFO), por lo que se ha omitido su explicación si bien se hace referencia a la fuente.

TABLA 25

Contextualización en la investigación de las herramientas y elementos de apoyo propuestos para la implantación del SVS

Herramientas y elementos de apoyo	Contexto de la investigación	Fuente
Cuestiones para la valoración del sistema de gestión estratégica	Desarrollo del SVS – Procesos. Solidez de los procesos directivos.	Elaboración propia
Enfoque de gestión estratégica orientada a Stakeholders	Revisión de la literatura – Estrategia orientada a stakeholders.	Adaptación de Freeman y McVea (2001)
Diseño, estructura de información del modelo poliédrico	Revisión de la literatura – Iniciativas de informe, reporte y gestión del valor social. Capítulo para la profundización *ad hoc* en el modelo.	Retolaza y San-Jose (2018) Freeman *et al.* (2020)
Perspectivas estratégicas, valores y ratios de análisis de la contabilidad social	Desarrollo del SVS – Factores técnicos. Sistema de gestión integral.	Elaboración propia
Mapa de stakeholders	Desarrollo del SVS – Procesos. Solidez de procesos directivos.	Freeman (1984), De Colle (2005)
Matrices de categorización de stakeholders	Desarrollo del SVS – Procesos. Solidez de procesos directivos.	Freeman (1984), De Colle (2005) Adaptaciones propias
Tabla de mecanismos de participación y diálogo del equipo de profesionales	Desarrollo del SVS – Procesos. Liderazgo participativo.	Elaboración propia
Niveles de análisis y preguntas clave a stakeholders externos	Desarrollo del SVS – Procesos. Liderazgo participativo.	Elaboración propia basada en Habisch *et al.* (2011)
Matriz de doble materialidad (adaptación)	Desarrollo del SVS – Procesos. Liderazgo participativo.	CSRD 2022/264 Retolaza *et al.* (2024)
Análisis del perfil de diálogo de la organización	Desarrollo del SVS – Procesos. Liderazgo participativo.	Elaboración propia
Proposiciones para un enfoque dinámico de la gestión de stakeholders	Desarrollo del SVS – Procesos. Solidez de procesos directivos.	Minoja (2012)
Implicaciones y reflexiones sobre la orientación social de la empresa	Desarrollo del SVS – Factores culturales. Orientación social.	Elaboración propia

Herramientas y elementos de apoyo	Contexto de la investigación	Fuente
Implicaciones y reflexiones sobre la orientación a resultados de la empresa	Desarrollo del SVS – Factores culturales. Orientación a resultados.	Elaboración propia
Proceso de definición del principio estratégico	Desarrollo del SVS – Factores culturales. Orientación social.	Gadiesh y Gilbert (2001)
Purpose Strength Model	Desarrollo del SVS – Factores culturales. Orientación social.	Lleó et al. (2019)
Marco de análisis de inclusión de criterios ESG en la gestión estratégica.	Revisión de la literatura – El enfoque ESG.	Pérez et al. (2022)
TSI de la BCG	Revisión de la literatura – Iniciativas de informe, reporte y gestión del valor social.	Boston Consulting Group (2017)
Análisis PESTEL	Etapa de contraste – Factores críticos de éxito externos.	Basado en Fahey y Narayanan (1986)
Matriz DAFO	Revisión de la literatura – Dirección estratégica.	Andrews (1965)
Modelos de negocio, con perspectiva integral.	Revisión de la literatura – Dirección estratégica.	Basado en Lanzolla y Markides (2021)
Mapa estratégico	Revisión de la literatura – Gestión estratégica. Desarrollo del SVS. Factores técnicos. Mapa estratégico y cuadro de mando integral.	Kaplan y Norton (2004)
Cuadro de mando integral	Revisión de la literatura – Gestión estratégica. Desarrollo del SVS. Factores técnicos. Mapa estratégico y cuadro de mando integral.	Kaplan y Norton (1996)
Factores a tener en cuenta en el desarrollo de una estrategia basada en cuadro de mando integral	Desarrollo del SVS. Factores técnicos. Mapa estratégico y cuadro de mando integral.	Kaplan y Norton (1992)
Mapa de oportunidades y riesgos	Metodología para la implantación del SVS.	Rodríguez-López et al. (2013)
ERP, Power BI, sistemas de gestión e inteligencia	Revisión de la literatura – Dirección estratégica.	López-Robles et al. (2019)
Estrategia de comunicación	Metodología para la implantación del SVS.	Garrido (2004)

Fuente: Elaboración propia.

FIGURA 19

Fundamentación teórica, objetivos, temas, herramientas y apoyos para la ejecución de la Fase 1: Revisión fundamentada del proceso

1. REVISIÓN FUNDAMENTADA DEL PROCESO	OBJETIVOS:
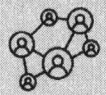	- Determinar la idoneidad de los sistemas de gestión estratégica y de contabilidad social de la empresa (actualizándolos, o diseñándolos si no están implantados).
	- Identificar aspectos susceptibles de actualización y acordar el proceso de diseño o actualización.

	TEMAS:	HERRAMIENTAS Y APOYOS:
- Alcance y operativa del proceso de gestión estratégica	- Alcance del sistema de gestión estratégica.	Documentación interna del sistema de gestión estratégica y contabilidad social. Recogidos en el análisis previo y la presentación del SVS:
	- Amplitud de los periodos estratégicos.	- Cuestiones para la valoración del sistema de gestión estratégica - Procesos directivos.
	- Sistema de implantación y seguimiento.	- Enfoque de gestión estratégica orientada a Stakeholders.
- Sistema de contabilidad social (Diseño o actualización)	- Alcance del sistema de contabilidad social (mercado/no mercado/emocional).	- Diseño y estructura del modelo poliédrico.
	- Actualización de variables de valor y otros elementos del sistema.	- Perspectivas estratégicas: Valores y ratios de análisis de la contabilidad social.
	- Valores clave para una aproximación integral.	

FUNDAMENTOS TEÓRICOS:

- Gestión estratégica (Freeman y McVea, 2001; Johnson *et al.*, 2012; White, 2017).
- Modelo poliédrico (Retolaza y San-Jose, 2016; Freeman *et al.*, 2020).
- Integración de la contabilidad social y la teoría de stakeholder (Hörisch *et al.*, 2020).

FUENTE: Elaboración propia.

yendo temas como el marco temporal del período estratégico y los procesos inherentes a cada una de las fases. Para poner en práctica esta revisión se cuenta con la relación orientativa de cuestiones para la valoración del sistema de gestión estratégica vigente, presentada en el desarrollo de los aspectos relativos a los procesos directivos del SVS.

El segundo sistema es el de la contabilidad social implantada en la organización, en un contexto de profundos cambios sociales y acción institucional, que pone el foco de atención en los sistemas de reporte y, por ende, en el caso de aquellas organizaciones que los utilizan con otros fines, en los sistemas de gestión. En el caso de organizaciones que no tienen implantado un sistema de contabilidad social, se propone abordar un proceso para su diseño. Este puede ser previo al inicio de la reflexión estratégica si bien diversas experiencias en las que hemos participado demuestran que ambos procesos pueden abordarse de forma simultánea. Cobra especial importancia en este caso la planificación del proceso.

En el caso de aquellas organizaciones que ya tienen implantada la contabilidad social, se sugiere la revisión del nivel de actualización de cada uno de los tres sistemas en que se estructura: valor social de mercado, valor social de no mercado y valor emocional. En particular, la revisión del valor social de no mercado podría dar lugar a la necesidad de un diálogo con los stakeholders para la incorporación de nuevas variables de valor o la modificación de cualquiera de los componentes para su cálculo –las unidades de medida, su cuantificación a partir de la información del sistema de gestión interna o el valor razonable asignado a cada unidad–. El enfoque de la relación entre contabilidad social y la teoría de stakeholder completa el fundamento teórico de esta primera fase.

El resultado con el que concluye esta fase de revisión es la determinación de la idoneidad de los sistemas y la identificación de aquellos aspectos susceptibles de diseño o actualización, así como la planificación de acciones para ello. En el caso de actualizaciones, podrán hacerse de forma inmediata o en un momento posterior, siempre y cuando la necesidad de actualización no suponga la invalidez de cualquiera de los dos sistemas a integrar (gestión estratégica o contabilidad social).

Ejemplo: Implantación de la contabilidad social de forma simultánea a un proceso de reflexión estratégica

Entre las organizaciones que hemos analizado, una de ellas, constituida por un grupo de empresas dependiente de una asociación, decidió abordar dos procesos en paralelo: la reflexión estratégica, ya conocida en la organización desde hacía dos décadas, y la implantación de la contabilidad social, con el objetivo de realizar el cálculo de un primer ejercicio y sentar las bases para el cálculo de ejercicios posteriores.

Abordar dos proyectos de esta relevancia era un reto, no exento de dificultades. Además, en este caso, la demanda de participación en los procesos de reflexión estratégica es muy amplia, por lo que se contemplaban riesgos de agotamiento de recursos internos y de incumplimiento de plazos al poner en marcha de forma simultánea los dos procesos. De todos modos, la mejor forma de gestionar los riesgos era conocerlos y planificar los procesos con detalle, con un análisis cuidadoso de la demanda de recursos de ambos. Tomada la decisión de abordar ambos procesos en paralelo al no querer demorar la implantación de la contabilidad social, las personas responsables de ambos proyectos hicieron un buen trabajo de planificación y buscaron sinergias entre ambos, que incidieran en la eficiencia e incluso en la generación de un valor adicional.

Una de las sinergias más significativas es la del diálogo con stakeholders que se plantea en ambos procesos. Establecerlos en paralelo no significaba que las acciones de uno no pudiesen alimentar las del otro. En este caso, las dinámicas de diálogo nuevas que se generaron a través de la metodología de implantación de la contabilidad social, para las que la organización contó con apoyo externo, proporcionaron inputs importantes para la formulación de la estrategia, que fueron valorados de forma muy positiva. En suma, esta sinergia se gestionó de forma efectiva, generando tanto un proceso eficiente como un valor adicional.

Fase 2: Planificación

En la fase de planificación (figura 20) se aborda el análisis del proceso y de los mecanismos de participación y se identifican otras fuentes de información para la gestión estratégica, tanto documentales como personales (stakeholders), por lo que combina objetivos operativos –planificar el proceso, estableciendo hitos y mecanismos de participación–, con otro objetivo de diseño estratégico –definir el mapa actual de stakeholders y las redes de valor a largo plazo–, incidiendo en posibles cambios relevantes del mapa con respecto al pasado, lo que implica conocer a los stakeholders y abordar un proceso de categorización o priorización.

FIGURA 20

Fundamentación teórica, objetivos, temas, herramientas y apoyos para la ejecución de la Fase 2: Planificación

2.PLANIFICACIÓN	
- Fuentes de información - Mapa de stakeholders - Redes de valor (LT networks) - Hitos del proceso	**OBJETIVOS:** - Planificar el proceso de gestión estratégica de la organización; estableciendo las principales fuentes de información e hitos. - Definir el mapa actual de stakeholders, identificando posibles cambios relevantes con respecto al pasado. - Establecer el sistema de participación y la estrategia de comunicación con stakeholders.

TEMAS:	**HERRAMIENTAS Y APOYOS:**
- Identificación de fuentes de información, tanto internas como externas. - Definición del mapa de stakeholders aplicando criterios estratégicos de priorización. - Dinámicas y mecanismos de participación de stakeholders en el proceso.	Documentación interna del sistema de gestión estratégica y contabilidad social. Recogidos en el análisis previo y la presentación del SVS: - Mapa y matrices de categorización de stakeholders. - Tabla de mecanismos de participación interna. - Niveles de análisis y preguntas clave a stakeholders externos. - Análisis del perfil de diálogo de la organización. - Posiciones para un enfoque dinámico de la gestión de stakeholders.

FUNDAMENTOS TEÓRICOS:

- Teoría de stakeholder (Freeman, 1984).
- Modelos de desarrollo de redes de valor (Mansoor *et al.*, 2024).
- Modelo poliédrico (Retolaza y San-Jose, 2016; Freeman *et al.*, 2020).
- Enfoque institucional (Peng *et al.*, 2009).
- Marco del diálogo con los stakeholders (Habisch *et al.*, 2011).
- Enfoque dinámico en la gestión de stakeholders (Minoja, 2012).

FUENTE: Elaboración propia.

Para ello, en los capítulos previos se han propuesto criterios y matrices que permiten la gestión estratégica de los stakeholders.

La teoría de stakeholder es el principal fundamento teórico sobre el que se asienta esta fase, en la que también debe subrayarse la importancia del contexto y la necesidad de complementar el concepto de cadena de valor (centrada en la actividad de la organización) con el de redes de generación de valor, incorporando a los stakeholders a la estrategia de la organización. Se aportan herramientas específicas a utilizar a lo largo de esta fase, en relación con los niveles de análisis y preguntas clave a stakeholders externos y el análisis del perfil de diálogo de la organización, así como propuestas para un enfoque dinámico de la gestión de stakeholders, tanto de mercado como fuera de la actividad mercantil de la empresa. Estas herramientas proporcionan un esquema de reflexión que ayuda a resolver las preguntas clave de todo proceso de participación en el marco de la integración del valor social en la gestión estratégica: i) ¿quién participa?; ii) ¿cuándo participa?; iii) ¿para qué participa?, y iv) ¿cómo participa?. La estrategia de comunicación queda definida en este marco, en la medida en que se considera un nivel de participación, que requiere asimismo formular por parte de la organización con quién se comunica, cuándo, para qué y cómo. La comunicación es un aspecto central de una estrategia orientada a stakeholders, a los que a través de la comunicación se implica y se otorga relevancia.

Los resultados de esta fase serán la definición del mapa de stakeholders y las redes de valor, la priorización de los stakeholders en el marco de la reflexión estratégica y la planificación del proceso, que incluye objetivos, mecanismos e hitos de participación de stakeholders internos y externos en la puesta en marcha de la gestión estratégica basada en el SVS.

Fase 3: Formulación del propósito

La fase tercera (figura 21) aborda uno de los momentos clave de la formulación, al tener como objetivo la definición o, en su caso, redefinición o actualización del propósito de la organización. Supone la puesta en marcha del proceso de participación, tanto externa como interna, planificado en la fase anterior. Para ello, en los casos analizados en nuestra investigación se ha puesto de relieve la importancia de procesos participativos, que movilizan a grupos grandes de personas a través de grupos focales u otras dinámicas de participación. Junto a ellos, la apertura a la información recogida en entrevistas o cuestionarios a stakeholders, así como la atención a mecanismos de recogida de sugerencias, se plantea como uno de los rasgos que caracteriza el liderazgo participativo. Las orientaciones de proceso para la definición del principio estratégico o el Purpose Strength Model del equipo de los profesores Lleó, Chinchilla y Rey, de la Universidad de Navarra pueden incorporarse a estas dinámicas.

FIGURA 21

Fundamentación teórica, objetivos, temas, herramientas y apoyos para la ejecución de la Fase 3: Formulación del propósito

3. DEFINICIÓN DEL PROPÓSITO	OBJETIVO:
- Diálogo con stakeholders	- Definir, redefinir o actualizar el propósito, a partir de un diálogo con los stakeholders orientado a este fin.

	TEMAS:	HERRAMIENTAS Y APOYOS:
- Proceso participativo con stakeholders internos - Definición del propósito - Implicaciones	- Ejecución del diálogo con stakeholders. - Puesta en marcha de mecanismos de participación interna; en particular para la definición del propósito. - Análisis de implicaciones del propósito en las diferentes áreas y procesos de la organización.	Documentación interna del sistema de gestión estratégica. Recogidos en el análisis previo y la presentación del SVS: - Implicaciones y reflexiones sobre la orientación social de la empresa. - Mecanismos de participación y diálogo: Grupos focales. - Purpose Strength Model. - Proceso de definición del principio estratégico de Gadliesh y Gilbert. - Perfil del diálogo con stakeholders. - Marco de análisis de inclusión de criterios ESG en la gestión estratégica. - TSI de la BCG.

FUNDAMENTOS TEÓRICOS:

- Empresa y propósito (Hamel, 1990; Fischer *et al.*, 2019; Barby *et al.*, 2021).
- Procesos estratégicos y propósito (Pérez-López, 1993; Lleó *et al.*, 2019).
- Concepto de intención estratégica (White, 2017).
- Diálogo con stakeholders (Freeman y McVea, 2001; Minoja, 2012; Retolaza y San-Jose, 2016).
- ESG y estrategia (Pérez *et al.*, 2022).

FUENTE: Elaboración propia.

Esta tercera fase encuentra su fundamento teórico en la relación de empresa y propósito, que plantea la necesidad de repensar las finalidades de la empresa y su contribución a la sociedad. El propósito ha sido considerado el núcleo de los procesos estratégicos y en algún momento se ha relacionado con otros conceptos, como los de misión, visión, principio, orientación o intención estratégica, de los que no se puede desligar. El establecimiento del marco del diálogo con los stakeholders y los desarrollos más recientes para relacionar los criterios medioambientales, sociales y de gobernanza con la estrategia y el liderazgo completan el soporte teórico de esta fase, y han contribuido a la generación de herramientas y elementos de apoyo como las preguntas clave para la definición de la orientación social en la organización, el marco de inclusión de criterios ESG o la TSI Framework de la BCG.

El resultado de esta fase, que antecede al análisis estratégico, es la definición de un propósito, incorporando la visión derivada de una gestión dinámica de los diferentes stakeholders de la organización. A partir de aquí, la integración del valor social será efectiva en la medida en que las decisiones estratégicas estén inspiradas por este propósito, de forma coherente y suficiente, tanto en el análisis como en la formulación e implantación de la estrategia.

Fase 4: Análisis estratégico

En la fase de análisis estratégico (figura 22) se trata de diagnosticar la situación de la organización desde una perspectiva integral, identificando factores de carácter interno y externo que puedan influenciar su actividad futura, su propósito y, por lo tanto, la generación y distribución de valor a sus stakeholders.

El análisis estratégico se sustenta en la teoría de stakeholder y en la identificación de los fundamentos de la dirección estratégica. Particularmente, el concepto de estrategia corporativa, en torno al cual se identifican las cuestiones clave a las que la estrategia da respuesta y se definen algunas herramientas de análisis y diagnóstico cuya utilización en la práctica ha sido consistente a lo largo de décadas. El alcance del análisis estratégico en el marco del SVS se fundamenta también en las corrientes integradoras de las visiones de la empresa basadas en las capacidades dinámicas y en el modelo de negocio.

En este marco, la fase de análisis se inicia valorando la conexión entre el pasado y el presente a través de la evaluación de la trayectoria estratégica. La capacidad para interpretar la complejidad de las conexiones entre el pasado, el presente y el futuro, extrayendo aprendizajes e ideas estratégicas, es característica del pensamiento estratégico. En la práctica, el error de evitar esta reflexión y minusvalorar la fase de análisis es tan frecuente y serio como su contrario, del que muchas veces nos acordamos al subrayar la necesidad de evitar la parálisis por el análisis.

FIGURA 22

Fundamentación teórica, objetivos, temas, herramientas y apoyos para la ejecución de la Fase 4: Análisis estratégico

4. ANÁLISIS ESTRATÉGICO	OBJETIVO:
Análisis corporativo Generación y distribución de valor social (de mercado y no mercado) - Evaluación de la trayectoria - Evolución VSI y valores de análisis - Factores críticos de éxito - Competencias clave - Entorno - Análisis de doble materialidad (impacto y alineamiento con el propósito) Análisis estratégico de negocio **DIAGNÓSTICO ESTRATÉGICO –** Identificación de cuestiones y dilemas estratégicos	- Diagnosticar la situación de la organización, identificando aspectos clave, tanto internos como del entorno que pudieran afectar su actividad futura, su propósito y su generación de valor a los stakeholders.

	TEMAS:	HERRAMIENTAS Y APOYOS:
	- Valoración de la trayectoria basada en el desempeño económico y social de la organización. - Análisis de valores y ratios clave de generación y distribución del valor social. - Valoración de capacidades y recursos clave, oportunidades y riesgos del entorno. - Diagnóstico estratégico. - Identificación de dilemas estratégicos.	Documentación interna del sistema de gestión estratégica y contabilidad social. Recogidos en el análisis previo y la presentación del SVS: - Estructura de información del modelo poliédrico. - Perspectivas estratégicas: Valores y ratios de análisis de la contabilidad social. - Mapa de stakeholders. - Análisis PESTEL. - Matriz DAFO. - Modelos de negocio, con perspectiva integral. - Análisis de doble materialidad (adaptado).

FUNDAMENTOS TEÓRICOS:

- Estrategia corporativa (Ansoff, 1965; Andrews, 1971).
- Teoría de capacidades dinámicas (Teece y Pisano, 1994).
- Teoría de stakeholders (Freeman, 1984).
- Visión de la empresa basada en modelos de negocio (Lanzolla y Markides, 2020).
- Modelo poliédrico (Retolaza y San-Jose, 2016; Freeman *et al.*, 2020).

FUENTE: Elaboración propia.

Se propone abordar en primer término un análisis basado en la información cuantitativa. La información disponible en la contabilidad social es el elemento diferenciador de esta fase en el SVS, ya que permite un análisis de carácter integral, ampliando así la información financiera, que proporciona datos estandarizados y de uso común en las empresas, pero orientados fundamentalmente a un grupo reducido de stakeholders, el de los inversores y el de los propietarios. La consideración de capacidades y recursos clave y la mirada al entorno para la identificación de amenazas y oportunidades completan el análisis, que se traslada en sus conclusiones fundamentales al diagnóstico estratégico. Para esta fase de análisis, es adecuada la utilización de herramientas ya consolidadas como la matriz DAFO, el análisis PESTEL o el análisis del modelo de negocio, contempladas desde una perspectiva integradora que incorpore la orientación a stakeholders y la valoración cualitativa de la generación y distribución de valor social.

Por otro lado, y en línea con la relevancia del análisis de doble materialidad en la Corporate Sustainability Reporting Directive 2022/2464 (CSRD), puede entenderse que esta herramienta posibilita la incorporación del valor social –y en términos más amplios, de la sostenibilidad– a la estrategia, de forma alineada con las dinámicas de reporte sobre sostenibilidad generadas a partir de la mencionada directiva. Si bien en esta se alude a la materialidad de impacto y a la materialidad financiera como perspectivas de análisis, nuestra propuesta para la incorporación del valor social en la estrategia, en consonancia con la centralidad del propósito en la empresa, incluye la formulación de una perspectiva diferente de análisis. Así se estableció en el ejemplo de la experiencia piloto con un grupo de fundaciones, que acompaña esta página.

Ejemplo: El análisis de doble materialidad en un grupo de fundaciones

Durante el año 2024 llevamos a cabo una experiencia piloto con un grupo de fundaciones para incorporar dinámicas de reporte de sostenibilidad basadas en la contabilidad social. Las fundaciones son entidades que destinan su patrimonio a la realización de fines de interés general, beneficiando así a diversos stakeholders. Bajo esta formulación general, el abanico de actividades que puede desarrollar una fundación es muy diverso, incluyendo actividades relacionadas con la generación de empleo, la inclusión social, el desarrollo tecnológico, la cooperación para el desarrollo o la promoción de programas educativos y culturales, entre otras.

Esta diversidad se reflejaba en el grupo de fundaciones con el que trabajamos, encontrando tanto empresas proveedoras de servicios como empresas cuya actividad se desarrolla en mercados industriales, así como organizaciones financiadoras de programas o de cooperación al desarrollo. La diversidad también era significativa en cuanto a la dimensión (desde microempresas a grandes empresas) y en cuanto a la definición de sus clientes: empresas de servicios o industriales, personas beneficiarias, clientes comerciales, administraciones públicas, otras entidades sociales, etc.

Teniendo en cuenta la importancia del análisis de doble materialidad para el informe de sostenibilidad, se planteó la necesidad de adaptarlo para dar respuesta al verdadero propósito de las fundaciones, guiadas siempre por fines de interés general para la sociedad. De acuerdo con la metodología de implantación de la contabilidad social, es necesario un diálogo con los stakeholders, sobre el que la directiva también requiere que la organización informe en sus memorias de sostenibilidad. El fin del diálogo es identificar los temas materiales, que son aquellos a través de los cuales se genera valor y, en términos más amplios, se impacta en la sociedad. Se identifica, además, su alcance y su evolución, planteando riesgos y oportunidades derivados del impacto de la actividad de la organización en la sociedad.

Dada la naturaleza no lucrativa de todas las fundaciones participantes, a pesar de que algunas de ellas desarrollen una actividad de mercado muy importante, el análisis de materialidad financiera fue sustituido por el impacto de cada uno de los temas materiales en el propósito de la organización. De esta manera, se adaptaba una herramienta con un potencial de análisis importante para el fin último de la organización, siendo así de mayor utilidad no solo para el informe de sostenibilidad sino también para la gestión estratégica. A partir de este análisis de doble materialidad, se llega a la clasificación de las variables analizadas en función de las demandas de los stakeholders (impacto en la sociedad) y del alineamiento con el propósito de la organización. Esta clasificación se traslada a la matriz presentada en el apartado relacionado con el proceso de gestión de stakeholders (figura 17), y sirve de punto de partida para el análisis y priorización de variables y las oportunidades y riesgos asociados, en función de su ubicación en los diferentes cuadrantes de la matriz.

El resultado de esta fase es un diagnóstico integral, orientado no solo por el desempeño económico sino por el cumplimiento del propósito y por la generación de valor para los stakeholders de la empresa. Así, incluye un análisis de doble materialidad alineado con los requerimientos de la directiva CSRD, adaptado o ampliado con una perspectiva social de análisis. El diagnóstico también incluye la identificación de las cuestiones y los dilemas estratégicos que la empresa debe afrontar. En el SVS, el concepto de dilema estratégico recoge la necesidad de mantener el equilibrio de relaciones entre stakeholders, lo que puede llevar a situaciones provisionales de destrucción de valor para alguno de ellos. En este sentido, frecuentemente se han identificado dilemas en contextos relacionados con nuestra investigación para plantear la situación de las empresas ante la responsabilidad social, conectándola con las disyuntivas de obligatoriedad o voluntariedad y unilateralidad o multilateralidad.

Fase 5: Formulación estratégica

La fase de formulación estratégica (figura 23) supone la toma de decisiones sobre las cuestiones y los dilemas estratégicos identificados en el análisis y, en consecuencia, la definición de los elementos para operativizar la estrategia (objetivos, líneas de actuación, cuadro de mando integral), estableciendo además las bases del sistema de evaluación que soporte el despliegue y el seguimiento posterior. A los fundamentos teóricos de fases anteriores en relación con la estrategia corporativa y la teoría de las capacidades dinámicas, incorporamos el enfoque de la gestión estratégica de Kaplan y Norton, en torno al mapa estratégico y el cuadro de mando integral. Hemos valorado su adecuación para la gestión estratégica, destacando la estructuración de objetivos en función de diferentes perspectivas de análisis, integrando aspectos tangibles e intangibles, y la identificación de relaciones causa-efecto entre ellos. Además, en esta fase el enfoque de la triple *bottom line* asienta el marco teórico, reforzando la necesaria integralidad en la formulación de objetivos.

El objetivo de la formulación estratégica evolucionó a lo largo del siglo XX, pasando de ser un marco cerrado, basado en proyecciones financieras de detalle y una definición precisa de actuaciones a ser un marco abierto, que aporta dirección para la organización en un proceso

---

FIGURA 23

Fundamentación teórica, objetivos, temas, herramientas y apoyos para la ejecución de la Fase 5: Formulación estratégica

5. FORMULACIÓN ESTRATÉGICA	OBJETIVOS:
	- Tomar las decisiones sobre los dilemas estratégicos a los que la organización se enfrente. - Definir la estrategia y sus elementos clave (objetivos y líneas estratégicas de actuación, orientadas a la generación de un valor social integrado). - Establecer los componentes del sistema de evaluación, a partir de los objetivos y líneas estratégicas definidas.

5. FORMULACIÓN ESTRATÉGICA	TEMAS:	HERRAMIENTAS Y APOYOS:
- Posicionamiento y decisión ante las cuestiones y los dilemas estratégicos - Mapa estratégico orientado al VSI - Líneas estratégicas de actuación - CMI orientado al VSI	- Debate y posicionamiento ante los dilemas estratégicos. - Identificación de objetivos estratégicos, con un enfoque integral. - Definición de proyectos tractores o líneas estratégicas de actuación. - Sistema de despliegue, seguimiento y evaluación.	Documentación interna del sistema de gestión estratégica y contabilidad social, ERP. Recogidos en el análisis previo y la presentación del SVS: - Estructura de información del modelo poliédrico. - Perspectivas estratégicas: Valores y ratios de análisis de la contabilidad social. - Mapa estratégico. - Cuadro de mando integral. - Factores a tener en cuenta en el desarrollo de una estrategia basada en el cuadro de mando integral.

FUNDAMENTOS TEÓRICOS:

- Estrategia corporativa (Ansoff, 1965; Andrews, 1971).
- Teoría de capacidades dinámicas (Teece y Pisano, 1994).
- Gestión estratégica (Kaplan y Norton, 1996).
- Modelo poliédrico (Retolaza y San-Jose, 2014; Freeman *et al.*, 2020).
- Enfoque *triple bottom line* (Elkington, 1993).

FUENTE: Elaboración propia.

de aprendizaje continuo. Bajo esta concepción, la formulación estratégica en el marco del SVS supone desarrollar cuatro temas: i) el debate y la definición de un posicionamiento ante las cuestiones y los dilemas estratégicos, en los que participarán personas y equipos de acuerdo con la planificación de la fase anterior; ii) la identificación de objetivos estratégicos con un enfoque integral. Tal como se concluía en el estudio de

---

Ejemplo: Expresión de objetivos estratégicos basados en el sistema de contabilidad social

Una de las empresas con las que hemos trabajado durante nuestra investigación dispone de una contabilidad social asentada durante doce años. Esto le ha permitido utilizarla de forma consistente en la comunicación hacia el exterior y también incorporar algunas variables a la gestión, analizando su evolución a lo largo de todo este período.

Esta organización, dio un salto importante en el año 2021 al formular como primer reto estratégico el incremento del valor social integrado, cuyo seguimiento y evaluación se basa en la información que proporciona la contabilidad social. Se supera así una dificultad que hemos visto de forma habitual en empresas que desarrollan una actividad de mercado y proclaman asimismo perseguir un impacto social, pero que al no encontrar mediciones de referencia relegan los retos de carácter social a un segundo plano, basando su seguimiento en indicadores poco relevantes.

En su reflexión estratégica para el período 2024-2026, la empresa que ponemos como ejemplo ha sido incluso más explícita al ordenar los retos estratégicos en torno a un sistema de jerarquización que, sin ser un mapa estratégico de acuerdo con los niveles marcados por Kaplan y Norton, está inspirado en él. Todas las relaciones causa-efecto entre objetivos estratégicos conducen al reto principal del Incremento del valor social generado a los grupos de interés prioritarios. Para ello, la formulación de los retos de desarrollo de las personas y la sostenibilidad de la actividad de mercado se soportan en objetivos de generación de valor para las personas de la organización y para los clientes de mercado, incorporando en ambos casos la medición del valor social de mercado y de no mercado, así como ratios de referencia basados en la contabilidad social.

En suma, la contabilidad social ha permitido a esta organización ampliar su perspectiva estratégica, incorporando información comparable –al estar formulada en unidades monetarias– que hace referencia a transferencias de valor de diversa naturaleza. Así, podemos afirmar que este es un ejemplo de integración efectiva del valor social en la gestión estratégica.

---

caso múltiple, uno de los factores críticos de éxito para la integración del valor social en la estrategia era contar con valores de referencia que permitieran fijar objetivos de generación y distribución de valor. La estructura de análisis de los valores y ratios que hemos incorporado en la presentación de los factores técnicos del SVS, incide en dicho factor y cobra especial relevancia en esta fase del proceso; iii) la definición de proyectos tractores, iniciativas o líneas estratégicas de actuación. La utilización de uno u otro término puede estar basada en el modelo de gestión o las prácticas habituales de la organización. En todo caso, nos referimos a la determinación de planes de actuación de alto impacto, desplegables a lo largo del período estratégico en períodos más cortos (normalmente, un ejercicio) para el cumplimiento de los objetivos estratégicos; y iv) el cuadro de mando integral orientado al valor social integrado, para lo cual requiere una adaptación a la orientación a stakeholders, tal como hemos expuesto en la presentación de los factores técnicos del SVS.

En consonancia con los objetivos planteados, el resultado de esta quinta fase consistirá en la formulación de una estrategia integral, que contemple las perspectivas económica y social, para lo cual serán necesarios tres elementos: i) la resolución clara y explícita de los dilemas estratégicos planteados, ii) la definición de la estrategia, plasmada en el mapa estratégico que incluya los objetivos y líneas estratégicas de actuación, vinculados a su vez con el cuadro de mando integral, y iii) el sistema de evaluación, detallando su periodicidad y alcance.

Fase 6: Implantación

En la fase de implantación (figura 24) se hace operativa la estrategia de la organización, que tiene su reflejo en las acciones estratégicas materializadas. La implantación en el marco del SVS tiene dos objetivos fundamentales: el primero relacionado con la definición de objetivos y actuaciones para el ejercicio; el segundo con la vigilancia continua del

FIGURA 24

Fundamentación teórica, objetivos, temas, herramientas y apoyos para la ejecución de la Fase 6: Implantación

6. IMPLANTACIÓN	OBJETIVOS:	
	- Desplegar la estrategia plurianual en ejercicios anuales definiendo objetivos, planes de acción y recursos a corto plazo, manteniendo el alineamiento con el propósito de la empresa y sus objetivos estratégicos. - Anticipar y adaptarse a las oportunidades y riesgos del entorno, específicamente las demandas de los stakeholders; asignando o reconfigurando recursos.	
- Objetivos anuales VSI - Planes de acción - Asignación de Recursos	**TEMAS:** - Establecimiento de objetivos anuales y planes de acción acorde con el diagnóstico de la situación. - Asignación de recursos en función de las necesidades. - Aseguramiento del alineamiento y la coherencia con el propósito.	**HERRAMIENTAS Y APOYOS:** Documentación interna del sistema de gestión estratégica y contabilidad social, ERP, PowerBI. Recogidos en el análisis previo y la presentación del SVS: - Estructura de información del modelo poliédrico. - Perspectivas estratégicas: Valores y ratios de análisis de la contabilidad social. - Implicaciones y reflexiones sobre orientación a resultados. - Mecanismos de participación. - Mapa estratégico. - Cuadro de mando integral. - Mapa de oportunidades y riesgos. - Factores en el desarrollo de una estrategia basada en el cuadro de mando integral

FUNDAMENTOS TEÓRICOS:

- Estrategia deliberada y estrategia emergente (Mintzberg, 1990).
- Teoría de recursos y capacidades (Wernerfelt, 1984; Barney, 1991).
- Visión de microfundaciones (Fenil y Foss, 2005).
- Teoría de stakeholders (Freeman, 1984; Alpaslan et al., 2009).
- Gestión estratégica (Kaplan y Norton, 1996; Freeman y McVea, 2001; Johnson et al., 2012; White, 2017).
- Modelo poliédrico (Retolaza y San-Jose, 2014; Freeman et al., 2020).

FUENTE: Elaboración propia.

entorno para anticiparse a oportunidades y riesgos derivados de la evolución de las necesidades y expectativas de los stakeholders. El primer objetivo se fundamenta en la visión de la gestión estratégica de autores que a lo largo de los capítulos anteriores hemos mencionado como referentes: Freeman, Kaplan y Norton o White. El segundo objetivo se basa en la distinción entre las estrategias deliberadas y las emergentes de Mintzberg, que requiere una acción sistemática de interacción con el entorno para anticipar oportunidades y riesgos o, al menos, reaccionar de forma rápida.

Para el cumplimiento de ambos objetivos, un elemento clave es la asignación o reconfiguración de recursos, lo que implica la toma de decisiones complejas por parte de los equipos directivos, sometidos a diversas influencias en el destino de recursos a actuaciones o planes concretos. La visión de microfundaciones, que pone el énfasis en la acción individual de las personas es una aportación adicional al marco teórico en el que diseñamos los temas y actividades de esta fase.

Se ha estudiado la relación entre los resultados financieros de los departamentos y la asignación de recursos, demostrando que los CEO tienden a favorecer los departamentos con resultados financieros positivos en momentos de incertidumbre, mientras que en momentos de estabilidad se decantan por departamentos con un desempeño financiero débil. En esta línea, en el trabajo que hemos desarrollado con diferentes empresas en los últimos años se incide en el riesgo derivado de la incertidumbre del contexto, que puede desembocar en que el tejido empresarial y el entramado institucional primen la obtención de resultados económicos a corto plazo frente a la consecución del propósito social en las empresas. En el despliegue de la estrategia que proponemos, es de vital importancia que en la asignación de recursos, los planes de acción y las inversiones se mantengan alineadas con los objetivos a largo plazo. Cuando no es así, muchas organizaciones sociales pierden el rumbo al centrar sus esfuerzos en la búsqueda de financiación, independientemente del fin que esta persiga.

También creemos importante ser conscientes de que hay que aceptar los cambios de paradigma para que la dinámica de asignación de recursos sea efectiva. La incorporación del desempeño social como un factor adicional del que se tienen que ocupar los equipos directivos supone en muchas empresas ese cambio de paradigma y, en todo caso, añade complejidad a las decisiones. En esta situación se requieren sistemas de medición que permitan una interpretación conjunta del desempeño económico y social. En esta fase, por lo tanto, un sistema de información integrada como la contabilidad social es también un elemento facilitador para la toma de decisiones de asignación de recursos más fundamentadas.

Entre las herramientas de apoyo no identificadas en las fases previas de la metodología para la gestión estratégica basada en el SVS, centramos la atención asimismo en el mapa de riesgos, que proponemos ampliar a través de la actualización periódica del análisis estratégico, incorporando el concepto de oportunidad y explicitando la necesidad de vigilar la evolución de los stakeholders. En suma, mantener la reflexión sistemática sobre factores del entorno, las variables de valor e incluso su traslación a un análisis de doble materialidad. Así, en el marco del SVS, definimos el mapa de oportunidades y riesgos como una herramienta viva en la que se identifican factores y tendencias internos y externos que pueden afectar a la empresa y a sus stakeholders, planteando en su caso acciones de respuesta.

Los resultados de esta fase se concretan, en primer lugar, en un plan anual que recoge objetivos y acciones a corto plazo, identificando recursos para su implantación y garantizando el mantenimiento del alineamiento de la acción estratégica con el propósito de la organización; y, en segundo lugar, en la gestión continua de las oportunidades y riesgos derivados de la evolución de los stakeholders, en dinámicas de reflexión continuas.

Fase 7: Seguimiento

El primer objetivo de esta fase (figura 25) es disponer de una imagen real de la situación de la empresa en su relación con los stakeholders. Para ello, se plantea una evaluación basada en el cuadro de mando integral orientado al valor social integrado, examinando las causas de posibles desviaciones. Como segundo objetivo, que podemos entender que completa el ciclo estratégico, se persigue mantener el alineamiento de la organización con su propósito y sus objetivos estratégicos, evitando el riesgo de la pérdida de foco en lo que en la organización puede ser esencial. Finalmente, en la fase de seguimiento se plantea el objetivo de mantener viva la comunicación con los stakeholders, de acuerdo con la estrategia de comunicación definida en la segunda fase.

La fase de seguimiento mantiene los fundamentos teóricos de la fase anterior, entre ellos, la visión basada en recursos y capacidades, ya que en

FIGURA 25

Fundamentación teórica, objetivos, temas, herramientas y apoyos para la ejecución de la Fase 7: Seguimiento

7.SEGUIMIENTO	
	OBJETIVOS:
	- Disponer de una imagen clara y concisa de la situación de la empresa en su relación con los stakeholders, basada en la evaluación del cumplimiento de objetivos.
	- Establecer acciones de anticipación o reacción a factores del entorno, incluso modificando la estrategia definida.
	- Mantener el alineamiento de la organización con su propósito y sus objetivos estratégicos.
	- Mantener la comunicación con los stakeholders.

7.SEGUIMIENTO	TEMAS:	HERRAMIENTAS Y APOYOS:
- Evaluación CMI orientado al VSI - Gestión de oportunidades y riesgos - Reflexión: causas y acción - Cambio estratégico - Comunicación-Ejecución	- Análisis y evaluación de la situación del cuadro de mando integral, con orientación al VSI. - Revisión de oportunidades y riesgos y evolución de stakeholders. - Aseguramiento del alineamiento y la coherencia con el propósito. - Gestión del cambio estratégico. - Comunicación a stakeholders.	Documentación interna del sistema de gestión estratégica y contabilidad social, ERP, PowerBI. Recogidos en el análisis previo y la presentación del SVS: - Perspectivas estratégicas: - Valores y ratios de análisis de la contabilidad social. - Mecanismos de participación. - Estrategia de comunicación. - Mapa estratégico. - Mapa de oportunidades y riesgos. - Cuadro de mando integral. - Factores en el desarrollo de una estrategia basada en el cuadro de mando integral. - Estrategia de comunicación.

FUNDAMENTOS TEÓRICOS:

- Estrategia deliberada y estrategia emergente (Mintzberg, 1990).
- Teoría de recursos y capacidades (Wernerfelt, 1984; Barney, 1991).
- Visión de microfundaciones (Fenil y Foss, 2005).
- Teoría de stakeholders (Freeman, 1984; Alpaslan et al., 2009).
- Gestión estratégica (Kaplan y Norton, 1996; Freeman y McVea, 2001; Johnson et al., 2012; White, 2017).
- Modelo poliédrico (Retolaza & San-Jose, 2014; Freeman et al., 2020).

FUENTE: Elaboración propia.

el seguimiento hay evaluación y es esta la que permite identificar competencias y recursos necesarios para el cumplimiento de objetivos, la visión de microfundaciones, recalcando la importancia de la acción directiva, y la concepción de la estrategia de Mintzberg, que sintetizamos –sin pretender simplificar el alcance de su contribución al desarrollo de la disciplina– en la distinción entre la estrategia deliberada y la estrategia emergente. Además, esta fase se fundamenta también en los tres planteamientos que guían todo el proceso: el concepto de gestión estratégica, la concepción del modelo poliédrico de la contabilidad social como sistema de información, y la teoría de stakeholder. En relación con esta última, se ha propuesto el enfoque a stakeholders como una mejor vía de gestionar las crisis. Y es en este momento del proceso de gestión estratégica, que exige evaluación y corrección de desviaciones, cuando pueden darse situaciones críticas, que obliguen al cambio estratégico, algo que puede ser costoso por efecto de la habitual tendencia hacia la inercia en las organizaciones. Es por ello por lo que mantener viva la estrategia, más allá de los procesos formales de reflexión, es un rasgo característico de empresas dinámicas, que en momentos críticos muestran su capacidad de respuesta.

Las herramientas y apoyos para el seguimiento y la consecuente evaluación son los mismos que en la fase anterior, en la que se utilizaban para orientar el despliegue de la estrategia mientras que en esta sirven para evaluar la estrategia desplegada. Resaltamos asimismo la importancia en estas dos últimas fases de la utilización de sistemas que automaticen procesos de bajo valor añadido, que simplifiquen las tareas administrativas en la organización y que faciliten la visualización de resultados y la consiguiente evaluación. En relación con la información específica de la contabilidad social, en función del momento en que se implante, nos hemos encontrado con casos de integración de la contabilidad social en el sistema de gestión ya existente, así como de otros en los que se integraría en posteriores procesos de migración hacia un nuevo ERP.

El primer resultado de esta fase es un proceso de evaluación realizado, que se recomienda sea debatido y documentado, con expresión clara de las conclusiones. Además, se desarrolla un proceso de comunicación continua con los stakeholders, de acuerdo con las prioridades, los mecanismos y las frecuencias definidas en la fase 2.

Más allá de la formalidad del proceso de evaluación, un segundo resultado al que podría dar lugar esta evaluación es el cambio y este es otro de los asuntos clave a gestionar por parte de los equipos directivos. La perspectiva integral que exige el SVS incide en planteamientos que entran en conflicto con las inercias de las empresas. Formular un propósito no garantiza su cumplimiento e identificar las desviaciones, la asunción de la necesidad de cambio y su gestión son temas a abordar en esta fase, con la que se cierra la metodología propuesta y se completa un ciclo de continua retroalimentación.

7
NOTA FINAL

La gestión de la estrategia constituye un desafío para cualquier equipo directivo. Como tal desafío, resulta apasionante, complejo y especialmente relevante para las empresas y para todo tipo de organizaciones. No en vano, su futuro está en juego. Tomar decisiones estratégicas requiere contemplar las múltiples relaciones entre los diferentes ámbitos de actividad de la empresa y su entorno, evaluar las conexiones entre los diferentes planos temporales –pasado, presente y futuro– y, normalmente, equilibrar los dictados de la razón y los de la intuición.

Tras décadas de investigación y praxis basadas de forma predominante en el diseño y despliegue de la estrategia de la empresa en relación con su mercado, se añade ahora la necesidad de contemplar nuevas perspectivas de relación con el entorno, concretadas en la demanda social e institucional de generar no solo un valor económico sino también hacerlo de forma armoniosa con el medio ambiente y creando a su vez un valor social. Este concepto resulta en sí mismo complejo y, por lo tanto, sujeto a múltiples interpretaciones y al riesgo de caer en la autocomplacencia, al pensar que el desempeño social siempre está relacionado con la declaración de una intención de hacer un *bien social*.

Uno de los enfoques más adecuados para superar estas dificultades es la propuesta de Freeman en torno a la gestión estratégica orientada a los stakeholders, que incide en la distribución equilibrada del valor generado por la organización, y en la que el conocimiento y la cooperación con los stakeholders emergen como piezas clave de la gestión. Este enfoque se ha generalizado en los últimos años y no hay estrategia a día de hoy en la que no se hable de los stakeholders. No obstante, mencionarlos en un plan estratégico no es suficiente y el propio Freeman alude en 2020 a la necesidad de una contabilidad para los stakeholders como el sistema de medición que permitiría su integración efectiva en la gestión de la organización.

La emergencia de una corriente de contabilidad social y ambiental (SEA, por sus siglas en inglés) y, específicamente, el modelo poliédrico de la contabilidad social, se alinean con esta necesidad. Un modelo complementario al de la contabilidad tradicional, a través del cual puede propiciarse el alineamiento de la estrategia con el propósito de la organización, al hacer posibles la identificación y corrección de los habituales gaps entre la declaración del propósito y el desempeño real.

Todo lo anterior confluye en el SVS (Stakeholder Value Strategizer), un modelo que, utilizado de forma coherente en el proceso de gestión estratégica, ayuda a las organizaciones a cerrar el gap del propósito y, en suma, a orientar sus esfuerzos hacia la generación efectiva del valor social que persiguen generar. La metodología de implantación del modelo permite su adaptación a diferentes situaciones, teniendo en cuenta el nivel de desarrollo de los sistemas de gestión y, en particular, de medición del valor social. Como todo sistema, la implantación de la contabilidad social requiere un proceso de apropiación por parte del equipo directivo y de aprendizaje interno, pero una vez en marcha, su actualización periódica es sencilla y permite su incorporación a las dinámicas de la organización.

Por todo ello, es momento de pasar a la acción, revisando los sistemas de gestión estratégica e incorporando prácticas que permitan la integración efectiva del valor social en la estrategia. El esfuerzo merece la pena.

BIBLIOGRAFÍA

ALSABAAWE, Y. M. K., MANSOOR, H. O., MOHSIN, A. N. y ABDULLAH, R. (2024). «Value Network Development Model Through Cooperation Strategy Approach: Theoretical Review & Proposed Model for Universities», *International Journal of Operations and Quantitative Management*, 30(2), 63-89.

ANDREWS, K. R. (1965). *The Concept of Corporate Strategy*, Irwin Homewood.

ANSOFF, I. (1965). *Corporate strategy*, Nueva York: McGraw Hill.

AZCÁRATE LLANES, F. y FERNÁNDEZ CHULIÁN, M. (2013). «El Estado del Valor Añadido: una propuesta alternativa para la diferenciación entre los posicionamientos Bruto y Neto». *Revista Contable*, 16; 40-51.

BAIN, J. (1968). *Industrial Organization* (2.ª ed.), Nueva York: John Wiley and Sons Inc.

BANKE-THOMAS, A. O., MADAJ, B., CHARLES, A. y VAN DEN BROEK, N. (2015). «Social Return on Investment (SROI) methodology to account for value for money of public health interventions: a systematic review», *BMC public health*, 15(1), 1-14.

BARNEY, J. (1991). «Firm Resources and Sustained Competitive Advantage», *Journal of Management*, 17(1), 99-120. https://doi.org/10.1177/ 014920639101700108

BARRILERO, R. (2006). «Tendencias en estrategias de compensación total», *Estrategia financiera*, (234), 42-51.

BARTKUS, B. R. y GLASSMAN, M. (2008). «Do firms practice what they preach? The relationship between mission statements and stakeholder management», *Journal of business ethics*, 83(2), 207-216.

BRADLEY, C., HIRT, M. y SMIT, S. (2016). *Strategy beyond the hockey stick*, McKinsey & Company.

BERNAL, R. (2020). «Incrementando la eficiencia de las licitaciones públicas con la contabilidad social». *CIRIEC-España, Revista de Economía Pública, Social y Cooperativa*, 100, 239-276. DOI:10.7203/CIRIEC-E.100.18109

BESCHORNER, T. y HAJDUK, T. (2017). «Creating shared value. A fundamental critique». En *Creating Shared Value-Concepts, Experience, Criticism* (pp. 27-37), Springer.

BIGELOW, L. S. y BARNEY, J. B. (2021). «What can strategy learn from the business model approach?», *Journal of Management Studies*, *58*(2), 528-539.

CARROLL, A. B. y SHABANA, K. M. (2010). «The business case for corporate social responsibility: A review of concepts, research and practice», *International journal of management reviews*, *12*(1), 85-105.

CHANDLER, A. D. (1962). *Strategy and structure: Chapters in the history of the industrial empire*, Cambridge Mass.

CHENHALL, R. H. (2005). «Integrative strategic performance measurement systems, strategic alignment of manufacturing, learning and strategic outcomes: an exploratory study», *Accounting, organizations and society*, *30*(5), 395-422.

CHESBROUGH, H. y ROSENBLOOM, R. S. (2002). «The role of the business model in capturing value from innovation: evidence from Xerox Corporation's technology spin-off companies», *Industrial and corporate change*, *11*(3), 529-555.

CHESBROUGH, H. (2007). «Business model innovation: it's not just about technology anymore», *Strategy & leadership*, vol. 35, n.º 6, pp. 12-17. https://doi.org/10.1108/10878570710833714

DE COLLE, S. (2005). «A stakeholder management model for ethical decision making», *International Journal of Management and Decision Making*, *6*(3-4), 299-314.

ECHANOVE, A. (2020). «Marco de referencia para la integración de la contabilidad social en la gestión estratégica de las empresas de Economía Social», *CIRIEC-España, Revista de Economía Pública, Social y Cooperativa*, 100M 207-237. DOI: 10.7203/CIRIEC-E.100.18118

ECHANOVE, A. (2021). «Contabilidad social para una gestión estratégica integral», *Boletín de Estudios Económicos*, *76*(232), 109-124.

ECHANOVE, A., RETOLAZA, J. L. y SAN-JOSE, L. (2022). «Aplicación estratégica de la contabilidad social al emprendimiento». En *Un nuevo pacto empresa-Sociedad. Economía Social y Ética*, Madrid: Editorial Dykinson, 235-246.

ECHANOVE, A., SAN-JOSE, L. y RETOLAZA, J.L. (2024). «Design of a protocol model for the integration of social value in strategic management through social accounting», *Social Responsibility Journal, 20*(1), 108-127.

EGUREN MARTÍ, M. D. L. y CASTÁN FERRERO, J. M. (2016). «Análisis taxonómico de la literatura: herramientas metodológicas para la gestión y creación de valor en la empresa», *Innovar*, *26*(62), 41-56.

ELKINGTON, J. (1994). «Towards the sustainable corporation: Win-win-win business strategies for sustainable development», *California management review*, 36(2), 90-100.

ELKINGTON, J. (1997). «The triple bottom line», *Environmental management: Readings and cases*, 2, 49-66.

EVANS, V. (2013). *Key strategy tools. The 80+tools for every manager to build a winning strategy*, Financial Times Publishing, Pearson Education.

FELIN, T. y FOSS, N.J. (2005). «Strategic organization: a field in search of micro-foundations», *Strategic Organization, 3*(4), 441-455, November, DOI: 10.1177/1476127005055796

FEURER, R. y CHAHARBAGHI, K. (1995). «Strategy formulation: a learning methodology», *Benchmarking for Quality Management & Technology*, vol. 2, n.º 2, pp. 64-83. https://doi.org/10.1108/14635779510090472

FREEMAN, R. E. (1984). *Strategic management: A stakeholder approach*, Pitman.

FREEMAN, R. E. y McVEA, J. (2001). «A stakeholder approach to strategic management», *Social Science Research Network*. DOI: 10.2139/ ssrn.263511

FREEMAN, E., RETOLAZA, J. L. y SAN-JOSE, L. (2020): «Stakeholder Accounting: hacia un modelo ampliado de contabilidad», *CIRIEC-España, Revista de Economía Pública, Social y Cooperativa*, 100, 89-114. DOI: 10.7203/CIRIEC-E.100.18962

GARTZIA, L., y RETOLAZA, J. L. (2019). «Cuantificación en unidades monetarias del valor social del género en las organizaciones: Propuesta integral de análisis e intervención», *Becas de investigación Emakunde*, Instituto Vasco de la Mujer.

GAST, A., ILLANES, P., PROBST, N., SCHANINGER, B. y SIMPSON, B. (2020). «Purpose: Shifting from why to how», *McKinsey Quarterly*, Abril 2020.

GONZALO, J. A. y PÉREZ, J. (2017). «Una propuesta de normalización relativa al valor añadido como medida alternativa de rendimiento empresarial». En *XIX Congreso Internacional AECA*, Santiago de Compostela, 27-29 Septiembre 2017.

GRASSL, W. (2012). «Business models of social enterprise: A design approach to hybridity», *ACRN Journal of entrepreneurship Perspectives*, *1*(1), 37-60.

GRAY, R., OWEN, D. y ADAMS, C. (2015) «Some theories for social accounting: A review essay and a tentative pedagogic categorisation of theorisations around social accounting», *Sustainability, Environmental Performance and Disclosures*, http://dx.doi.org/10.1108/ S1479-3598(2010)0000004005

HABISCH, A., PATELLI, L., PEDRINI, M. y SCHWARTZ, C. (2011). «Different talks with different folks: a comparative survey of stakeholder dialog in Germany, Italy, and the US», *Journal of Business Ethics*, *100*(3), 381-404.

HARRISON, J. S. (2020). *Sustaining High Performance in Business*, Nueva York: Business Expert Press.

HITT, M. A., ARREGLE, J. L. y HOLMES Jr, R. M. (2021). «Strategic management theory in a post-pandemic and non-ergodic world», *Journal of Management Studies*, *58*(1), 259.

HÖRISCH, J., SCHALTEGGER, S. y FREEMAN, R. E. (2020). «Integrating stakeholder theory and sustainability accounting: A conceptual synthesis», *Journal of Cleaner Production, 275*, 124097.

HOSKISSON, R. E., WAN, W. P., YIU, D. y HITT, M. A. (1999). «Theory and research in strategic management: Swings of a pendulum», *Journal of management*, 25(3), 417-456.

HUMMEL, P. y HÖRISCH, J. (2020). «The hidden power of language: How «value creation accounting» influences decisions on expenditures, cost reductions and staff costs», *Sustainability Accounting, Management and Policy Journal*, 11, 187-206.

JENSEN, M. y MECKLING, W. (1976). «Theory of the firm: Managerial behavior, agency costs & capital structure», *Journal of Financial Economics, 3*(4), 305-360.

JIMÉNEZ, D., FRANCO, I. B. y SMITH, T. (2021). «A review of corporate purpose: An approach to actioning the sustainable development goals (SDGs)», *Sustainability, 13*(7), 3899.

JOHNSON, G., SCHOLES, K. y WHITTINGTON, R. (2006). *Dirección estratégica* (7.ª ed.), Prentice Hall.

JORDAN, S., JORGENSEN, L. y MITTERHOFER, H. (2013). «Performing risk and the project: Risk maps as mediating instruments», *Management Accounting Research, 24*(2), 156-174.

JOYCE, A. y PAQUIN, R. L. (2016). «The triple layered business model canvas: A tool to design more sustainable business models», *Journal of Cleaner Production, 135*, 1474-1486.

KAPLAN, R. S. y NORTON, D. P. (1996), «Strategic learning & the balanced scorecard», *Strategy & Leadership,* 24(5), 18-24. https://doi.org/10.1108/eb054566

KAPLAN, R. D. y NORTON, D. P. (2004), *Strategy Maps. Converting intangible assets into tangible outcomes*, Harvard Business School Press.

KAPLAN, R. S. (2012). «The balanced scorecard: comments on balanced scorecard commentaries», *Journal of Accounting & Organizational Change,* 8(4), 539-545. https://doi.org/10.1108/18325911211273527

KAY, A. (2011). «Prove! Improve! Account! The New Guide to Social Accounting and Audit», Social Audit Network

KOGUT, B. y ZANDER, U. (1996). «What firms do? Coordination, identity and learning», *Organization Science* 7(5):502-518. https://doi.org/10.1287/ orsc.7.5.502

LANZOLLA, G. y MARKIDES, C. (2021). «A business model view of Strategy», *Journal of Management Studies* 58:2, marzo 2021, doi:10.1111/joms.12580

LAZCANO, L., SAN-JOSE, L. y RETOLAZA, J. L. (2019). «Social Accounting in the Social Economy: A Case Study of Monetizing Social Value», *Modernization and Accountability in the Social Economy Sector,* mayo 2019, 132-150.

LAZKANO, L., BERAZA, A. y SAN-JOSE, L. (2020): «Determining success factors in the implementation of social accounting», *CIRIEC-España, Revista de Economía Pública, Social y Cooperativa,* 100, 177-205. DOI: 10.7203/CIRIEC-E.100.18195.

LEARNED, E. P., ANDREWS, K. R., CHRISTENSEN, C. R. y GUTH, W. D. (1969). *Business policy: Text and cases,* RD Irwin.

LIETDKA, J. M. (1998). «Linking strategic thinking with strategic planning», *Strategy & Leadership,* 26(4), 30.

LOVE, L. G., PRIEM, R. L. y LUMPKIN, G. T. (2002). «Explicitly articulated strategy and firm performance under alternative levels of centralization», *Journal of Management,* *28*(5), 611-627.

LLEÓ, A., MONTANER, A., EDMONDSON, A. y SOTOK, P. (2022). «Unlocking the power of purpose», *MIT Sloan Management Review,* *63-4,* pp. 20-24.

MAHONEY, J. T. y McGAHAN, A. M. (2007). «The field of strategic management within the evolving science of strategic organization», *Strategic organization,* 5(1), 79-99.

MARINOVIC, I. (2020). «PESTEL analysis of external environment as a success factor of startup business», *ConScienS,* 96. DOI: 10.5281/zenodo.4058794

MARSDEN, G., KELLY, C. y SNELL, C. (2006). «Selecting indicators for strategic performance management», *Transportation Research record, 1956*(1), 21-29.

McGRATH, R. G. (2013). *The end of competitive advantage. How to keep your strategy moving as fast as your business.* Harvard Business Review Press.

MEEK, G. K. y GRAY, S. J. (1988). «The value added statement: An innovation for U.S. companies?», *Accounting Horizons*, 2(2), 73-81.

MENDIZABAL, X., SAN-JOSE, L. y GARCÍA-MERINO, J. D. (2022). «Monetizing social value in sports clubs», *Sport, business and Management, 12*(5), 560-579. DOI 10.1108/SBM-09-2021-0107

MINOJA, M. (2012). «Stakeholder Management Theory, Firm Strategy, and Ambidexterity», *Journal of Business Ethics,* 109(1), 67-82, agosto. DOI: 10.1007/s10551-012-1380-9

MINTZBERG, H. (1990). *Strategy formation: Schools of thought. Perspectives on strategic management*, 1968, 105-235.

MINTZBERG, H. y LAMPEL, J. (1999). «Reflecting on the Strategy Process», *Sloan Management Review*, 40, 21-30.

MITCHELL, R. K., VAN BUREN III, H. J., GREENWOOD, M. y FREEMAN, R. E. (2015). «Stakeholder inclusion and accounting for stakeholders», *Journal of Management Studies*, 52(7), 851-877. https://doi.org/10.1111/joms.12151

MURILLO PÉREZ, L. M. (2020). «Cuadro de mando integral para la gestión del impacto social en organizaciones de empleo inclusivo», *CIRIEC-España, Revista de Economía Pública, Social y Cooperativa*, n.° 98/2020, 153-188.

MURPHY, R. O. y ACKERMANN, K. A. (2014). «Social value orientation: Theoretical and measurement issues in the study of social preferences», *Personality and Social Psychology Review, 18*(1), 13-41.

NAG, R., HAMBRICK, D. C. y CHEN, M. J. (2007). «What is strategic management, really? Inductive derivation of a consensus definition of the field», *Strategic Management Journal*, 28(9), 935-955.

OSTERWALDER, A. y PIGNEUR, Y. (2010). *Business model generation: a handbook for visionaries, game changers, and challengers* (Vol. 1), John Wiley & Sons.

PARMAR, B. L., FREEMAN, R. E., HARRISON, J. S., WICKS, A. C., PURNELL, L. y DE COLLE, S. (2010). «Stakeholder theory. The state of the art», *Academy of Management Annals, 4*(1), 403-445.

PEDRINI, M. y FERRI, L. M. (2019). «Stakeholder management: a systematic literature review», *Corporate Governance: The International Journal of Business in Society*, 19(1), 44-59. DOI 10.1108/CG-08-2017-0172

PENG, M. W., SUN, S. L., PINKHAM, B. y CHEN, H. (2009). «The institution-based view as a third leg for a strategy period», *Academy of Management Perspectives, 23*(3), 63-81. DOI: 10.5465/AMP.2009.43479264

PEREDO, A. M. y McLEAN, M. (2006). «Social entrepreneurship: A critical review of the concept», *Journal of World Business, 41*(1), 56-65.

PEREIRA, L. y ZICARI, A. (2012). «Value-added reporting as a tool for sustainability: a Latin American experience», *Corporate Governance: The international journal of business in society.*

PETERAF, M. (1993). «The Cornerstones of Competitive Advantages: A Resources-Based View», *Strategic Management Journal*, 14, 179-191.

PISANO, G. y TEECE, D. (1994). «The dynamic capabilities of firms: an introduction», *Industrial and Corporate Change*, 3(3), 537-556.

PORTER, M. E. (1985). *Competitive advantage: Creating and sustaining superior performance*, Nueva York: Free Press.

PORTER, M. E. y KRAMER, M. R. (2006). «Strategy and society: the link between corporate social responsibility and competitive advantage», *Harvard Business review*, 84(12), 78-92.

PORTER, M. y KRAMER, M. (2019). «Creating Shared Value». En *Managing Sustainable Business*, Dordrecht: Springer. https://doi.org/10.1007/978-94-024-1144-7_16, 323-346.

REED, D. (1999). «Stakeholder management theory: A critical theory perspective», *Business Ethics Quarterly*, *9*(3), 453-483.

RETOLAZA, J. L. y SAN-JOSE, L. (2011). «Social economy and stakeholder theory, an integrative framework for socialization of the capitalism», *CIRIEC-España, Revista de economía pública, social y cooperativa*, (73), 193-211.

RETOLAZA, J. L., PRUÑONOSA, J. T. y SAN-JOSE, L. (2012). «El cuadro de mando integral en las Entidades No Lucrativas», *Revista de Contabilidad y Dirección*, *14*, 89-106.

RETOLAZA, J. L., SAN-JOSE, L., RUIZ-ROQUEÑI, M. y BARRUTIA, J. (2014). «Cuantificación del valor social: propuesta metodológica y aplicación al caso de Lantegi Batuak», *Zerbitzuan: Gizarte zerbitzuetarako aldizkaria, Revista de servicios sociales*, (55), 17-33.

RETOLAZA, J. L. y SAN-JOSE, L. (2016). «Contabilidad social para la sostenibilidad: modelo y aplicación», *Revista de Contabilidad y Dirección*, vol. 23, año 2016, 159-178.

RETOLAZA, J. L. y SAN-JOSE, L. (2018). «Contabilidad Social para el bien común», *Revista Responsabilidad Social de la Empresa*, n.º 29, cuatrimestre I

RETOLAZA, J. L. y SAN-JOSE, L. (2021). «Understanding social accounting based on evidence», *Sage Journals*, abril-junio, 11(2), 1-14. doi.org/10.1177/21582440211003865

RETOLAZA, J. L. y ALZOLA, M. (2022). «Valor Social, a modo de prólogo», *Boletín De Estudios Económicos*, 76(232), 19-26. https://doi.org/10.18543/bee.2383

RETOLAZA, J. L. y SAN-JOSE, L. (2022). «La medición del valor emocional en el marco de la Stakeholder Accounting» En *Leveraging new business technology for a sustainable economic recovery: XXXVI Congreso Anual AEDEM: 1 al 3 de junio de 2022, Pozuelo de Alarcón, Madrid* (p. 206). Escuela Superior de Gestión Comercial y Marketing, ESIC.

RETOLAZA, J. L. y SAN-JOSE, L. (2025). La Contabilidad (Social) Analítica de Género como oportunidad para la Economía Social. *CIRIEC-España, revista de economía pública, social y cooperativa*, (113), 69-99.

RONDA-PUPO, G. A. y GUERRAS-MARTIN, L. A. (2012). «Dynamics of the evolution of the strategy concept 1962-2008: A co-word analysis», *Strategic Management Journal*, 33: 162-188. DOI:10.1002/smj.948

RUIZ-ROQUEÑI, M. (2020). «Cuantificación del valor emocional. El caso de Unión de Cooperativas Agrarias de Navarra (UCAN)», *CIRIEC-España, Revista de Economía Pública, Social y Cooperativa*, 100, 155-175. DOI:10.7203/CIRIEC-E.100.18067

RUIZ-ROQUEÑI, M. (2022). «The emotional dimension of value. A proposal for its quantitative measurement», *Frontiers in Psychology*, 6660.

SAN-JOSE, L. y RETOLAZA, J. L. (2012). «Participación de los stakeholders en la gobernanza corporativa: fundamentación ontológica y propuesta metodológica», *Universitas Psychologica, 11(2)*, 619-628.

SAN-JOSE, L., RETOLAZA, J. L. y BERNAL, R. (2021). «Índice de valor social añadido: una propuesta para analizar la eficiencia hospitalaria», *Gaceta Sanitaria*, 35(1), 21-27.

SAN-JOSE, L. y RETOLAZA, J. L. (eds.). (2022). *Monetizando el valor social en la economía naranja: El caso de los museos vascos*, Madrid: ESIC.

SUKLUN, H. (2021). «Artificial intelligence and strategic management», *Perspectives of AI: Past, Present, Future*, 77-106.

TEECE, D. J. (2010). «Business models, business strategy and innovation», *Long Range Planning*, *43*(2-3), 172-194.

UZURIAGA, A. A., GARCÍA, M. G. y EIZAGIRRE, M. L. (2019). «La participación integral y sus efectos». En *Participación de las personas trabajadoras en Gipuzkoa: bienestar, rendimiento, territorio*, Mondragon Unibertsitatea. 18-49.

VAN VEEN-DIRKS, P. y WIJN, M., (2022). «Strategic control: meshing critical success factors with the balanced scorecard», *Long Range Planning*, vol. 35, n.º 4, 407–427.

WAGNER, D. y HAEFNER, N. (2024). *Conquering the AI Kingdom: Strategic positioning within a new competitive landscape*, University of St. Gallen.

WATSON, R., WILSON, H. N., SMART, P. y MACDONALD, E. K. (2018). «Harnessing difference: a capability-based framework for stakeholder engagement in environmental innovation», *Journal of Product Innovation Management*, *35*(2), 254-279.

WERNERFELT, B. (1984). «A resource-based view of the firm», *Strategic Management Journal*, *5*, 171-180.

WHITE, C. (2017). *Strategic management*, Bloomsbury Publishing.

WILLIAMSON, O. E. (1985). «*The Economic Institutions of Capitalism*», Nueva York: The Free Press.

ZICARI, A. y PEREIRA, L. (2014). «Value distribution in state-owned firms. The case of two companies in Uruguay». En Antonio Davila, Marc J. Epstein, Jean-François Manzoni (ed.), *Performance measurement and management*.